AF554455

les ouvrages qui suivent de feu M. A. Voisin
sont contenus en ce volume, savoir

1 — recherches sur la bibliothèque de l'université, et de la ville de gand —

2 — notice des imprimeurs des pays-bas

3 — recherches sur quelques anciennes im=
=pressions des pays-bas —

RECHERCHES

SUR LA

BIBLIOTHÈQUE DE GAND.

Tiré d'un M^s. de la Biblioth. de Gand.

CH. ONGHENA SC.

RECHERCHES
HISTORIQUES ET BIBLIOGRAPHIQUES

SUR LA

BIBLIOTHÈQUE DE L'UNIVERSITÉ

ET DE LA

VILLE DE GAND,

PAR LE

BIBLIOTHÉCAIRE AUG. VOISIN,

Correspondant de l'Académie royale des sciences et belles lettres de Bruxelles, du Comité historique de Paris, de l'Académie des Lyncéens de Rome, secrétaire-perpétuel de la Société royale des Beaux-Arts de Gand, etc.

GAND,

CHEZ C. ANNOOT-BRAECKMAN, IMPRIMEUR DE LA VILLE,

MARCHÉ AUX GRAINS.

1839.

BIBLIOTHÈQUE NATIONALE
R.F.
IMPRIMÉS

A

Mr LE DOCTEUR

J.-B. VAN LOKEREN,

Médecin de l'hôpital civil de Gand, membre du Conseil Communal, de la Commission de la Maison de Détention, Curateur de l'Athénée, etc.,

Ami et Protecteur de mon enfance,

HOMMAGE AFFECTUEUX D'UN ATTACHEMENT ET D'UNE GRATITUDE QUI DATENT DE VINGT-CINQ ANS.

A. Voisin.

RECHERCHES

HISTORIQUES ET BIBLIOGRAPHIQUES

SUR LA

BIBLIOTHÈQUE DE GAND.

La Flandre est regardée à juste titre comme la terre classique de l'agriculture et de l'économie rurale. Le canton le plus fertile en est assurément l'ancien pays de Waes, situé entre Gand et la Tête-de-Flandre, vis-à-vis d'Anvers : il forme actuellement le district de St. Nicolas, dont on n'a séparé que les villages de Waesmunster et de Moerbeke : il compte deux villes, St. Nicolas et Lokeren et vingt-six communes qui rivalisent entre elles de richesses territoriales et d'industrie.

Ce pays est depuis deux ou trois siècles appelé le jardin de plaisance de la Flandre (*het lusthof van Vlaenderen*). Il semble ne former qu'un seul et immense village, parsemé de fermes riantes, de riches jardins et de vergers. Tous les champs en sont soignés comme des potagers et l'infatigable agriculteur y fait alternativement usage et de la bêche et de la charrue; car cette végétation féconde, il ne l'obtient qu'à la sueur de son front. Toutes les terres sont partagées en carrés, dont le centre plus élevé, s'abaisse insensiblement en dos d'âne, avec une régularité admirable : elles sont entourées d'une haye vive, entremêlée de quelques arbres montants, tels que des peupliers d'Italie, et ce qui prouve l'admirable et fertile vigueur du sol, c'est que cette puissante végétation ne nuit en rien aux fécondes moissons qui se renouvellent deux fois l'an sous leur ombrage et n'absorbe pas les sucs nourriciers dont celles-ci ont besoin. Toutes ces parcelles de terre sont séparées les unes des autres par une fossé, qui conserve, en été, les engrais que la pluie détache des terres et sert, en hiver, à l'écoulement des eaux.

Pas un pouce de terrain n'est perdu dans ce district, à cause de la nombreuse population; et c'est à cette agglomération d'habitans, sur un point circonscrit, qu'on doit attribuer l'étonnante fertilité de ces campagnes; chaque cultivateur étant forcé de retirer le plus de produit possible de la petite partie de terre qui lui est échue. Le Milanais et la Toscane n'offrent pas d'exemple d'une population aussi prodigieuse; on y compte 5210 individus par lieue carrée (1). Sur 100 habitants, soixante y sont voués à

(1) Notre chiffre est exact et basé sur les documents authentiques. D'après M. Balbi, la province de la Flandre Orientale comptait en 1826, 854 habitants par mille carré, le Milanais seulement 616, et le département du nord, le plus peuplé de la France, après celui de la Seine (Paris), seulement 597. On voit qu'elle est l'immense supériorité du pays de Waes. Balbi, *tableau comparatif de la population relative des provinces les plus peuplées de l'empire d'Autriche et des principaux états du monde*, inséré pag. 167 et suivantes dans *l'essai statistique sur les bibliothèques de Vienne*. Vienne, 1835. in-8.

l'agriculture et à ses rapports, 25 aux manufactures et métiers, et 15 à diverses autres professions : enfin ce qui donnera une dernière idée de sa richesse territoriale, c'est que les valeurs actives formant la valeur totale de tous les objets qui y existent, donnent, par lieue carrée, environ 6,400,000 francs (1).

Anciennement, surtout par suite de l'invasion des Normands qui fut bien plus longue et plus terrible que ne l'avaient été auparavant celles des Vandales et autres nations féroces du nord, ce beau pays que la Belgique montre avec orgueil à l'étranger, n'était qu'un *désert;* car c'est que signifie le nom de *Waes*, dérivé de *Waesten* (*Woestyne*) pour *Waestenland*. Ces plaines d'un aspect si riant aujourd'hui, n'offraient au XIe siècle que « des « marais, des terres incultes, de vastes solitudes, des forêts « immenses, remplies d'ours, de chevaux sauvages et « d'autres animaux, inconnus aujourd'hui dans le « pays (2). »

C'est surtout aux labeurs des pieux solitaires que l'on doit le défrichement de ces landes, jusqu'alors stériles, et le desséchement des marais. Voués, dans l'origine de leurs institutions, aux travaux pénibles des mains, ils furent des premiers à cultiver ces terres, à déroder les bois, à ouvrir des moyens de communication d'une bourgade à l'autre et à creuser des fossés pour l'écoulement des eaux. Seuls dépositaires, dans leurs pieuses retraites, des restes

(1) Voyez notre guide de Gand, ou notice historique sur cette ville, ses monuments, ses institutions, sa statistique, etc. Nouvelle édition, Gand, Annoot-Braeckman, 1831. pages 142-143 et 334-336.

(2) *Etat des villes de la Gaule Belgique avant le XIIe siècle, avec des recherches étymologiques sur l'origine de leurs noms* (*par F. Grigny, médecin* à Ypres). Cet excellent travail se trouve inséré dans le *Magazin encyclopédique de Millin*, an VI, Tome V, pag. 314 et VI, pag. 175.

de civilisation et d'instruction qui avaient survécu aux ravages affreux des peuplades du nord, ils les communiquèrent peu à peu aux habitans des campagnes et les ramenèrent à des mœurs plus douces et à une vie plus heureuse et moins errante (1).

Dans ce pays de Waes, à mi-chemin environ de St. Nicolas à Hulst, vers la gauche de la nouvelle route tracée en 1827, et un peu au-delà de la frontière de la Flandre Zélandaise, on trouve quelques vestiges d'anciennes constructions : c'est là qu'en 1197, un moine de l'abbaye de St. Pierre-lez-Gand, guidé par des sentiments d'une profonde piété, Baudouin de Bocle, se fit ermite, et à la suite d'une révélation de la Vierge Marie, construisit un monastère qui plus tard fit partie de la paroisse de Sinay (2). Il s'adjoignit bientôt une douzaine de compagnons, et avec leur aide, se mit à l'œuvre et défricha tous les terrains d'alentour. Leur abbaye atteignit par ces travaux, un grand degré de prospérité et par la suite des temps, soit en livrant à la culture des terres jusqu'alors restées stériles, soit par des donations ou des acquisitions, elle acquit de grands richesses et posséda jusqu'à la révolution française d'immenses propriétés dans le pays de Waes. La maison naguères fondée par Baudouin de Bocle, prit le nom de *Baudeloo,* ou de Bois de Baudouin, la finale *loo* et *loe* signifiant en vieux flamand un *bois,* peut-être même un *bois sacré, lucus;* elle aura pris cette dénomination soit en mémoire de son fondateur, soit par reconnaissance envers Baudouin, comte de Flandre et de Hainaut, depuis

(1) De Smet, *Histoire de la Belgique*, 4 édit. tom. I.

(2) Sanderus, de Gandavensium rebus. lib. IV. Bruxelles, 1627. in-4. pag. 374.

empereur de Constantinople et qui fut le principal bienfaiteur de ce monastère [1].

Les religieux de Baudeloo eurent plus à souffrir encore pendant nos troubles du XVIe siècle qu'à la suite des événements de la révolution française. Jacques Delrio était le 27e abbé de ce monastère, quand les Iconoclastes étendirent sur les Pays-Bas leur rage dévastatrice. Voyant sa maison détruite, il se réfugia pendant quatre ans à Cologne, ville paisible, où les catholiques étaient à l'abri des troubles et des persécutions. Il vint à Gand, probablement après la reddition de cette ville à Alexandre Farnèse, en 1584. Son monastère y avait possédé un refuge [2], qui occupait précisément à l'endroit où est situé le local actuel de la bibliothèque avec ses dépendances. Ses prédécesseurs en avaient acheté le vaste terrain à la ville de Gand, en 1259, moyennant une rente annuelle de 40 sous de Flandre, mais sous la condition de ne pouvoir y exercer de juridiction. Delrio fit l'acquisition des habitations les plus voisines de son refuge, construisit un cloître avec un dortoir, y réunit ses frères dispersés auparavant, en

(1) Diericx, *Mémoire sur la ville de Gand*, II. 195.

(2) La plupart des abbayes, des monastères et des couvents, fondés dans le plat pays, possédaient anciennement des maisons dans les grandes villes: c'est là que les religieux ou les religieuses se retiraient pendant les guerres qui ont si souvent ensanglanté nos provinces au moyen-âge; c'est aussi là qu'ils venaient loger, lorsque quelque grande fête ou des affaires les appelaient à la ville: de nos jours c'est ce que nous nommerions un *pied-à-terre*. Primitivement l'on désigna les maisons sous le nom flamand d'*Herberghe*, synonime d'Hotellerie: plus tard on y substitua la dénomination française de *refuge*, ou lieu d'asile dans les calamités (Diericx, *Mém. sur la ville de Gand*, I, 470 et 471). Après la terrible révolution du XVIe siècle, les religieux et les religieuses n'osant plus habiter les campagnes, vinrent s'établir dans les villes et presque tous ces refuges furent agrandis et convertis en monastères.

augmenta le nombre, réforma l'ancienne discipline, et employa les vingt-cinq ans qu'il vécut encore à y achever, à l'exception de l'église, les bâtiments les plus nécessaires. En 1599 s'éleva encore par ses soins la galerie du monastère dont les vitraux peints représentaient la vie de St. Bernard et celle de St. Benoit. Ce vertueux prélat que notre poëte Maximilien De Vriendt appelle

Abbatum exemplum, specimen venerabile morum,
Spes inopum, fidei splendor, honoris honor,

mourut en 1610 et fut remplacé par Guillaume Castillo. Cet abbé agrandit encore l'enceinte de son monastère et termina en 1616 l'élégante et riche église, convertie aujourd'hui en bibliothèque. Il y fit placer des orgues, l'enrichit de stalles, et de tableaux de main de maîtres et la pourvut généreusement de tous les objets nécessaires à la pompe et à l'exercice du culte [1].

Du temps de Sanderus cette église possédait, nous dit cet écrivain, les têtes de huit des onze mille vierges : Jacques Delrio avait rapporté ces reliques de Cologne à Gand. Au-dessus du maître-autel, on admirait une belle assomption de la Vierge, d'Henri Van Balen, peintre renommé d'Anvers. A droite se trouvait une descente de croix, par le même peintre, à gauche la conversion par St. Bernard, de Guillaume duc d'Acquitaine. Cette église possédait encore trois autres tablaux d'un grand mérite, l'un la nativité du Christ, dont le faire approchait beaucoup de celui de Jean van Eyck, l'autre la mort d'Ezéchias, peint par Jacques de Backer, artiste célèbre : le troisième, qui était d'une vaste dimension, représentait

(1) Sanderus, L. L.

la dernière scène du Christ avec ses douze apôtres : on l'attribuait à Pourbus[1].

Rien n'était élégant et gracieux, comme l'église de l'abbaye de Baudeloo, dont les ornements intérieurs avaient été renouvelés et furent terminés en 1780, sous le prélat Delforterie, avec ce luxe que l'on remarque dans tous les monuments sacrés de la Flandre. Outre les tableaux dont nous avons déjà parlé d'après Sanderus, on avait orné les deux nefs latérales de quatorze tableaux en grisaille, représentant la vie de St. Bernard, par Reyschoot, le même artiste qui a peint ceux du chœur de la cathédrale de St. Bavon. Ces tableaux furent donnés en 1819 à la chapelle de la Byloque, et au salon de la société royale des Beaux-arts, lorsque l'on fit dans l'intérieur les changements qu'on voit actuellement. On n'y a conservé que deux grands médaillons du même peintre; ils représentent des sujets de l'ancien Testament.

Le sculpteur Van Poucke, né à Dixmude, et mort à Gand en 1809, avait aussi payé à cette église le tribut de son talent. Parmi les embellissements qu'on lui devait, on y admire encore quatre bas-reliefs de marbre blanc, en forme de trophées ascétiques, avec les médaillons des quatre évangélistes.

Le marbre le plus beau n'y avait pas été plus épargné que dans nos autres églises. Le maître-autel et les deux autels latéraux étaient de marbre blanc, ornés de statues et de colonnes du même marbre; le pavé des trois nefs, les pilastres et tout le revêtement était également de marbre blanc et noir. De toutes ces richesses, il n'existe plus aujourd'hui que les pilastres et le revêtement, ce dernier

(1) Sanderus, L. L. lib. IV. pag. 373 et seqq.

en partie caché par les livres. Le chœur, garni de stalles en bois de mahoni massif et de boiseries gracieuses et taillées à jour, comme de la dentelle, par d'habiles artistes, était fermé par des légères portes en fer battu et ciselé, semblables à celles que les amateurs admirent encore à l'église de St. Pierre, en cette ville. Les bas-cotés étaient également protégés par deux ballustrades travaillées avec le même goût.

Les premières orgues, furent placées vers 1615, par l'abbé Delrio; après la seconde moitié du XVIIIe siècle, de nouvelles orgues, ouvrage de Van Peteghem, artiste Gantois qui s'étaient acquis une grande réputation, remplacèrent les anciennes : elles étaient composées de quarante registres et à trois octaves, et furent vendues en 1819 par la ville de Gand, au temple protestant de Vlaardingen dans la province de Hollande méridionale, pour la somme de 3500 florins des Pays-Bas.

Lors de la seconde entrée des Français en Belgique, en 1794, pour empêcher que la belle église de Baudeloo ne tombât dans les mains d'avides accapareurs de biens nationaux, des hommes véritablement amis de leur pays, la firent transformer en *Temple de la Loi*. On connaît les spoliations commises par les représentants du peuple qui suivaient les armées françaises : nous ne les rappelons ici que pour raconter la manière miraculeuse par laquelle fut conservé le précieux carillon de Baudeloo.

Ce clocher qui est très-svelte et très-élégant eut un premier carillon, composé de 30 cloches fondues en 1613 à Gand, par F. Pauwels, et qui plus tard, en 1661 fut remplacé par un autre carillon plus complet, plus harmonieux, véritable chef-d'œuvre de Pierre Hémony, artiste très-habile, natif de Zutphen. Deux ans auparavant, en 1659, le même artiste avait refondu toutes les cloches de notre beffroi, comme nous l'apprend le père De Jonghe dans ses *Gendsche Geschiedenissen.* On sait avec quelle ardeur les hommes de 1796 recherchaient les cloches des couvents et des abbayes pour les briser, les fondre et en faire des canons. Un matin on vint avertir M. Ch. van Hulthem, secrétaire du comité pour la conservation des objets d'art, qu'un citoyen Duhamel procédait à l'enlèvement des cloches du carillon. M. Van Hulthem s'habille à la hâte, accourt à l'église où l'on avait déjà détaché l'une des cloches, et ordonne à Duhamel, d'une voix forte et au nom de la loi, de suspendre son acte de vandalisme, jusqu'à plus ample information. Celui-ci s'arrête indécis. Van Hulthem saisit ce moment pour donner aux ouvriers une poignée de pièces d'argent en les engageant à aller se rafraichir dans un cabaret en face. Continuant à montrer une généreuse audace, il fait sortir tout le monde, ferme lui-même les portes, dont il prend les clés, et affiche, en présence de Duhamel, sur l'entrée principale, la défense suivante, dont nous conservons l'original :

LIBERTÉ, ÉGALITÉ.

Au nom du Jury des arts et des sciences du département de l'Escaut, il est défendu à qui que ce soit de toucher au carillon de la ci-devant abbaye de Baudeloo, que le Jury des arts a réservé pour la célébration des fêtes nationales, à cause de l'excellence des cloches fondues par le célèbre Hémony, artiste de Zutphen.

Le 25 *Germinal an V.*

(Signé) Coppens, *Président.*

Ch. van Hulthem, *Secrétaire.*

Cet ordre fut respecté : le même jour Van Hulthem, écrivit, pour la conservation de son cher carillon d'Hémony, deux lettres, l'une à l'administration du département, l'autre à Bénézech, ministre de l'intérieur, à Paris : il est inutile de dire que ses peines et ses démarches furent couronnées du succès le plus complet. Nous nous faisons un vrai plaisir de reproduire ici ces deux lettres qui sont intéressantes à plus d'un titre et qui prouvent, combien à cette époque désastreuse, la ville de Gand a été heureuse de rencontrer des citoyens aussi dévoués et amis des arts [1]. Ce clocher fut restauré en 1828, et la girouette

(1) *Le Jury des arts et des sciences du département de l'Escaut à l'administration du même département,*

CITOYENS ADMINISTRATEURS,

Deux membres du jury des arts, les citoyens Coppens et Van Hulthem, se trouvant hier à la ci-devant abbaye de Baudeloo (bâtiment réservé pour le temple de la loi, l'établissement de l'école centrale, la bibliothèque publique, le jardin des plantes, le cabinet d'histoire naturelle, etc. etc.), le citoyen Duhamel, chargé de faire enlever et transporter les cloches des couvents supprimés, leur annonça qu'il allait faire descendre les cloches du petit carillon de cette abbaye, bien que le jury des arts eut cru devoir les réserver pour la célébration des fêtes nationales. Ces deux membres lui répondirent qu'ils étaient chargés et obligés, en vertu de la loi et des instructions du comité d'instruction publique, de réserver tout ce qui pouvait servir aux arts ou à l'instruction publique; que ce petit carillon, dont toutes les cloches avaient été fondues en 1661, par le célèbre Hémony de Zutphen, un des plus fameux fondeurs de cloches qu'il y ait jamais eu, était un chef-d'œuvre en son genre, et qu'il fallait le conserver pour célébrer les fêtes nationales, dans le temple de la loi; que ces cloches d'ailleurs, d'une pesanteur très-modique, par l'art avec lequel elles sont fondues, surpassaient de soixante fois la valeur de la matière; que ce serait un vrai vandalisme de les détruire, pour en retirer la modique valeur de la matière. Enfin le citoyen Duhamel, cédant à nos instances, a promis de ne pas toucher à ces cloches, jusqu'à ce qu'on eut obtenu sur cet objet une décision du ministre de l'intérieur.

Ce peu d'observations suffisent, citoyens administrateurs, pour que vous interposiez votre autorité en faveur de nos réclamations. En effet, vous en fut remplacée par une sphère céleste, sans doute, pour indiquer la destination scientifique du bâtiment.

La bibliothèque particulière de l'ex-abbaye étant devenue trop étroite pour les livres recueillis par le jury des arts

avez senti avec nous, le jour que vous avez visité le local de Baudeloo, que c'est dans cette église qu'il fallait établir le temple de la loi; qu'à cet effet, il fallait conserver le superbe jeu d'orgues et le carillon que dans ce moment on voudrait détruire. Vous sentirez avec nous la nécessité de conserver ce petit chef-d'œuvre, admiré à juste titre par tous les étrangers; vous jugerez que ce carillon, qui par la justesse de ses sons et de son harmonie charme tous ceux qui l'entendent, est nécessaire pour célébrer avec pompe la majesté des fêtes nationales et vous observerez que la valeur matérielle s'en réduirait presqu'à rien pour la république, tandis que la perte, appréciée sous le rapport de l'art, en serait inappréciable.

Nous nous persuadons, Citoyens, que vous appuyerez fortement nos réclamations auprès du ministre de l'intérieur.

Salut et respect

COPPENS, *Président*.

CH. VAN HULTHEM, *Secrétaire*.

Le jury des arts au citoyen Benezech, ministre de l'intérieur,

CITOYEN MINISTRE,

Constamment occupés à recueillir, depuis cinq ou six mois, tous les monuments épars des arts et des sciences de ce département, le temps nous a manqué jusqu'ici, pour vous faire parvenir les réclamations dont nous avons cru devoir vous parler en peu de mots, lorsque vous avez bien voulu nous recevoir, le jour de votre arrivée dans cette commune. Un objet urgent nous oblige de prendre aujourd'hui notre recours vers vous et de solliciter l'interposition de votre autorité en faveur de nos réclamations.

Dès que le jury des arts fut nommé, nous avons examiné, avec deux membres de l'administration du département, les différentes maisons nationales; et, après avoir pris inspection de toutes, nous avons jugé que la ci-devant abbaye de Baudeloo était le local le plus propre pour y établir l'école centrale, la bibliothèque publique, le jardin des plantes, et le cabinet d'histoire naturelle. L'administration du département a converti l'église en temple de la loi, et nous crumes devoir conserver à ce sujet le superbe jeu d'orgues et le petit carillon qui surmonte l'église, pour célébrer avec pompe la majesté des fêtes nationales.

Ce carillon est un petit chef-d'œuvre en son genre. Fondu en 1661 par et des sciences, l'administration du département résolut de convertir en bibliothèque le nouveau temple de la loi et de consacrer à ce dernier usage l'église de St. Michel, qui était bien plus vaste.

D'après les plans de l'architecte Pisson, en date du 9 Fructidor, an IX, on appropria à sa nouvelle destination la charmante église de Baudeloo qui, jusqu'alors, malgré les malheurs des temps, avait échappé, comme par miracle, à la dévastation: au reste, le seul moyen de la conserver, c'était de l'affecter à un usage d'utilité publique. Le maître-autel et les deux autels latéraux avec leurs tableaux anciens, l'enceinte du chœur, avec les portes de

le célèbre Hémony, de Zutphen, un des plus habiles fondeurs de cloches qui aient jamais existé, il est à juste titre admiré de tous les étrangers et charme par l'harmonie et la justesse de ses sons: il est digne enfin d'être conservé comme une sorte d'instrument de musique, dont la découverte est due à ce pays, le premier ayant été fait à Alost, vers 1481.

Le citoyen Duhamel, chargé de faire descendre et transporter les cloches des couvents supprimés, est venu hier nous annoncer qu'il allait procéder à l'enlèvement du carillon du temple de la loi. Nous lui avons fait observer qu'en vertu de la loi et des recommandations du comité d'instruction publique, nous avions cru devoir réserver ce carillon; que sa valeur matérielle, vu le peu de pesanteur des cloches, était presque nulle pour la république, tandis que sa valeur, considérée sous le rapport de l'art, était inappréciable; que ce serait commettre un véritable acte de vandalisme que de fondre ces cloches, pour la matière; et qu'enfin nous nous serions adressés au gouvernement pour être autorisés ultérieurement à conserver cet objet d'art; nous ajoutâmes enfin que le carillon du temple de la loi, à Bruxelles, quoique bien inférieur au nôtre, à plus d'un titre, avait également été conservé.

Nous connaissons, citoyen ministre, votre amour pour les arts, pour tout ce qui peut tendre aux progrès de l'instruction publique, et contribuer à ajouter de la pompe à la célébration des fêtes nationales: aussi nous nous persuadons que vous approuverez notre gestion et que vous nous autoriserez définitivement, le plus tôt qu'il vous sera possible, à réserver le carillon qui fait l'objet de nos réclamations.

Salut et respect, etc.

de fer et les stalles, furent enlevés : entre chaque arcade, on établit, dans toute la longueur du bâtiment, de doubles locaires, de façon que les livres faisaient face dans la nef et dans les bas-côtés : un grand locaire fut pratiqué à la place du maître-autel, et deux autres cachaient les deux portes latérales de l'église, de manière qu'on n'entra plus que par la porte du milieu. Le magnifique pavé de marbre de la nef principale fut remplacé par le plancher provenant de la bibliothèque de l'abbaye de St. Pierre, et qui est si remarquable par la longueur et la qualité de son bois de sapin rouge. De l'ancienne sacristie à droite du chœur, on fit une salle de lecture qui sert aujourd'hui de cabinet au bibliothécaire.

Ces travaux furent exécutés par l'architecte Pisson pour la somme de 12,850 francs, payables comme suit :

Matériaux évalués	7,850
En numéraire	3,600
En solives de la maison abbatiale de St. Pierre .	1,400
Fr.	12,850

Les matériaux dont il est question étaient :

Les marbres et autres matériaux du grand autel, à l'exception des colonnes et des statues, qui devaient être transportées au muséum.

Les deux autels latéraux, avec les statues, à charge de remplacer chaque autel par un panneau de marbre.

Les stalles et boiseries du chœur, avec les marbres qui l'entouraient.

La porte en fer du chœur avec les deux ballustrades en fer des bas-côtés.

Le pavé de marbre de la grande nef.

Tous les bois et locaires qui se trouvaient dans la galerie à côté de l'église.

Les locaires de l'ancienne bibliothèque de Baudeloo.

Divers ornements, colonnes et pilastres en bois ainsi que les planches qui se trouvaient au chapitre de l'église de St. Pierre.

Une ballustrade en fer, tous les locaires et boiseries de la bibliothêque de St. Pierre, à l'exception des bas-reliefs et des cadres.

Une porte avec des glaces, quatre grandes glaces, etc.

Ces riches et nombreux débris durent largement payer l'entrepreneur de ses peines et de ses frais de construction : à cette époque, les agents du gouvernement ne songeaient guères à l'économie. Quant à M. Van Hulthem, avec cette probité que nous lui avons tous connue, il présida activement à l'exécution des travaux de la bibliothèque, dont il peut à juste titre être regardé comme le véritable fondateur.

En 1819, l'acquisition de la riche collection de M. Lammens augmentant considérablement le nombre des volumes, on fut forcé de faire à la disposition intérieure de la bibliothèque de nouvelles modifications. On augmenta d'un tiers le nombre des tablettes ou rayons, en plaçant de doubles locaires entre les pilastres et les murailles des bas-côtés ; celles-ci reçurent aussi des étagères, telles que nous les voyons aujourd'hui. Chaque locaire, garni pour la conservation des livres, de portes en trailles de fil de fer, depuis la plinte jusqu'à la hauteur de sept pieds, est composé de 13 rayons, dont quatre pour les in-folio, quatre pour les in-4 et cinq pour les in-8.

Ces étagères présentent un développement de 742 mètres carrés ; en y ajoutant 117 autres mètres pour les deux salles adjacentes et celle des manuscrits et incunables, on trouvera dans la bibliothèque de Gand une superficie de 841 mètres carrés, couverte de livres.

On fit encore en 1820 des changements à la façade de l'édifice : on la décora d'une péristyle de quatre colonnes d'ordre corinthien qui ornaient autrefois la façade des salons de repos de l'abbé, situés au fond de son jardin particulier, actuellement celui de la bibliothèque. Malheureusement ce péristyle, fait avec l'architecture du monument religieux, un contraste que le goût réprouve. On y lit sur la frise cette inscription : BIBLIOTHECA PUBLICA ACADEMICA. Il donne entrée à la salle moderne en dôme qui précède le vaisseau de l'ancienne église.

Ce bâtiment présente à l'intérieur une salle de 142 pieds de longueur, sur 58 de large : l'architecture en est à la fois légère, élegante et riche : au jugement de personnes qui ont parcouru les principaux dépôts scientifiques littéraires de France, de Hollande et d'Allemagne, il est peu d'édifices de ce genre qui offrent à la première vue un aspect plus agréable et qui se prêtent mieux à leur destination. Le milieu de la salle est occupé par trois vastes tables, en acajou massif et recouvertes d'un drap vert fort fin : chacun d'elles peut recevoir au moins vingt lecteurs, qui y trouvent l'encre, les plumes et le papier dont ils pourraient avoir besoin. En hiver les travailleurs sont reçus dans une salle de lecture adjacente, bien chauffée et construite en 1828. Au fond de la salle s'élève un vaste *scriban* ou pupitre mobile, en acajou massif, de six tablettes ; il provient de l'ancienne bibliothèque de l'abbaye de St. Pierre. A l'aide de cette ingénieuse machine, un savant peut consulter, simultanément et sans quitter son siège, au moins 18 volumes in-folio. Ces tablettes tournent facilement autour d'un axe, en conservant toujours leur position légèrement inclinée de haut en bas.

A gauche, dans le rond-point, un tableau provenant aussi de l'ancienne bibliothèque de l'abbaye de St.-Pierre-lez-Gand, offre au lecteur l'inscription suivante :

MONITUM BIBLIOTHECÆ.

Lectio scripturarum munitio est adversus peccatum.

(CHRYST. IN LUC.)

Quis inoffenso mea calcas limia pastu,
Pieriis cupiens invigilare choris;
Ingrediare, sile; libris utare modestè;
Post studium, simili claude, repone, modo.
Non plica, non maculæ fiant; modo lustret ocellus:
Quod placet, in charta scribe, notesve tua.
Pulpita, seu sedes, quo competit, ordine sistas;
Omnia, tanquam sint vasa sacrata, vide.
Ultimus egrediens post se mox ostia claudat:
Ne res corrodat musve canisve meas.
Væ furi! sed et hinc librum transferre caveto,
Ni tua sint vacuo nomina juncta loco.
Ad binos trinosve dies retineto, vel ultrà
Cum venia; reus est qui secus ausus erit.
Veniit hìc virtus, tum clara scientia rerum:
Hæcce tui pretio vendo laboris, eme.
Exigitur studium, non ditis copia Crœsi:
Sic studeas, tuus ut sit scopus una Trias.

Si cette espèce de prosopopée, de la bibliothèque elle-même aux visiteurs, ne brille pas par l'élégance du style et le mérite de l'imagination, elle fait connaître au moins la sollicitude que les bons religieux de St. Pierre éprouvaient pour la conservation de leurs livres et de leurs manuscrits.

Autour du rond-point sont placés sur des piedestaux les bustes des Belges célèbres dans les arts, dans les sciences ou dans l'histoire de la philanthropie, et dont on ne peut trop rappeler les noms glorieux : nous les citerons par ordre chronologique.

Henri GOETHALS, plus connu sous le nom de HENRI DE GAND, théologien célèbre, surnommé le Docteur Solemnel; né à Gand en 1217, mort à Tournai en 1293. — Son buste est exécuté par M. Pierre Devigne, artiste gantois.

André VÉSALE, né à Bruxelles, en 1514, mort de faim le 15 Octobre 1564, dans l'ile de Zante, où il avait fait naufrage, au retour de son voyage à la Terre-Sainte. Il fut le restaurateur de l'anatomie en Europe. — Son buste est dû au sculpteur Godecharles, de Bruxelles.

Rembert DODONÉE, ou plus exactement Dodoens, plus connu sous le nom latin de Dodonœus, médecin habile et célèbre botaniste du XVIe siècle, né à Malines le 19 Juin 1518, mort à Leide le 10 Mars 1585.

Abraham ORTELIUS (en flamand Ortell ou Oertel), l'un des restaurateurs de la géographie, né à Anvers, en 1527, mort dans la même ville, le 18 Juin 1598.

Juste LIPSE, célèbre philologue et savant polygraphe, né le 18 Octobre 1547, au village d'Isque, entre Bruxelles et Louvain ; mort dans cette dernière ville, le 24 Mars 1606.

Antoine SANDERUS, l'historien de la Flandre et du Brabant, né à Anvers, en 1586, d'une famille Gantoise, mort à l'abbaye d'Affligbem, le 16 Janvier 1664, où il avait trouvé un asile, après s'être ruiné par l'impression de ses précieux ouvrages. — son buste est de Godecharles.

Pierre Paul RUBENS, le plus illustre peintre qu'ait produit l'école Flamande. Né à Cologne, le 29 Juin 1577, d'une

famille Anversoise, réfugiée momentanément en cette ville; mort à Anvers le 30 Mai 1640.

ANTOINE VAN DYCK, célèbre peintre de l'école Flamande, surnommé le roi du portrait : né à Anvers le 22 Mars 1599, mort à Londres, en 1641.

ANDRÉ-ERNEST-MODESTE GRÉTRY, l'un des plus illustres compositeurs Belges de musique, né à Liége le 11 Février 1741, mort à Montmorency le 24 Septembre 1813. — Son buste fut exécuté en l'an XIII (1805) par Rutxhiel, sculpteur Belge, né à Maestricht et mort à Rome, en 1837.

LE CHANOINE PIERRE-JOSEPH TRIEST, né à Bruxelles le 30 Août 1760; mort à Gand le 24 Juin 1836 : surnommé le *St. Vincent de Paule de la Belgique*. Il fonda lui seul et entretint 24 hospices et autres maisons de charité, où plus de 5000 infortunés des deux sexes trouvent toutes les sortes de consolations. Combien des princes peuvent se vanter d'avoir fait autant pour l'humanité souffrante? — Son buste est dû au sculpteur Parmentier, à Gand. On peut consulter sur la vie de ce bienfaiteur des pauvres, sa Biographie suivie d'une statistique de tous les établissements qu'il a fondés; (par M. l'avocat Pierre de Decker). Gand, Van Ryckegem, 1836, in-8, de 50 pages, et notre article Biographique inséré dans le recueil intitulé : *Portraits et histoire des hommes utiles*. Paris, 1833-34, gr. in-8°. fig.

CHARLES VAN HULTHEM, premier conservateur de la bibliothèque de la ville de Gand, dont il peut être regardé comme le fondateur : né à Gand le 17 Avril 1764, mort dans la même ville le 16 Décembre 1832. — Son buste est de M. Julien le Clerq, né à Gand, sculpteur et graveur de médailles.

C'est M. Van Hulthem lui-même qui a commencé à ses propres frais cette collection : elle est continuée par ses successeurs et sera augmentée sous peu du buste de Van Praet, de Bruges, mort à Paris, bibliothécaire du roi, et de celui de De Meulemeester, également de Bruges, graveur des loges de Raphaël.

Heureusement située entre la France, la Hollande, l'Angleterre et l'Allemagne, où se font constamment des ventes considérables de collections de livres, dans lesquelles elle peut facilement s'enrichir, la Belgique a toujours possédé de nombreuses bibliothèques particulières : mais par une déplorable fatalité qui ne peut s'expliquer que par l'incurie des divers gouvernements étrangers auxquels elle a appartenu avant la fin du XVIIIe siècle, elle ne possédait encore qu'une seule bibliothèque accessible au public, et celà dans un pays couvert de villes riches et opulentes : encore la bibliothèque de Bruxelles, pillée à diverses reprises, ou abandonnée à la direction d'hommes incapables, était-elle loin de répondre à la splendeur de la capitale de Brabant, siège alors du gouvernement général de la Belgique. Il y avait, il est vrai à Louvain une fort belle bibliothèque ; mais elle était exclusivement réservée à l'usage de l'université. Anvers, une des plus riches cités de l'Europe, et qu'au XVI siècle on pouvait appeler la Tyr moderne et l'Athènes de la Belgique, Anvers bien déchue de sa splendeur et de son amour pour les sciences et les arts, ne comptait pas de collection littéraire. Quant à Tournai, sa riche bibliothèque ne s'ouvrait que pour le chapitre de sa cathédrale. Il y avait bien encore d'autres dépôts des productions de l'esprit humain dans nos abbayes et nos monastères que n'avaient point frappés les suppressions de Joseph II, mais parfois on appliquait *l'odi profanum vulgus et arceo* d'Horace et pour le laïc studieux, il n'y avait guère de secours à en tirer, à moins d'une faveur spéciale. « C'est pour remédier à cet inconvénient, dit de la Serna Santander (1), que dans la ville

(1) Préface, p. 3, du Catal. de Santander. Brux., 1792. 4 vol. in-8.

de Gand, capitale de la Flandre, un grand nombre de personnes instruites, enflammées du désir d'étendre le goût des sciences, ont formé une société littéraire très-utile, et qui remplace avantageusement le besoin qu'on y éprouve d'une bibliothèque publique. Cette société a une belle maison sur le Cauter, où elle se rassemble tous les jours et où elle commence à former une bibliothèque qui, sous la direction de M. Ch. van Hulthem, jeune homme plein de connaissance littéraires et bibliographiques, deviendra probablement un jour très-considérable. Il serait à souhaiter que les autres villes de la Belgique, excitées d'une noble émulation, s'empressassent d'établir, à l'exemple de Gand, de semblables corps littéraires, qui pourraient suppléer avec avantage au besoin qu'elles ont d'une bibliothèque pour l'instruction du public. »

Nous ne croyons pas pouvoir mieux faire connaître la première formation de la bibliothèque, qu'en recueillant les renseignements que nous fournit le rapport adressé le 14 Floréal an V, à l'administration centrale du département de l'Escaut, par le Jury temporaire des arts et des sciences, dont B. Coppens, était président et Ch. van Hulthem, secrétaire (1).

(1) Qu'on nous permette de citer l'extrait d'un mémoire *inédit*, rédigé par Ch. van Hulthem, pour faire partie du mémoire général envoyé au gouvernement français, en Germinal an IX, par le conseil du département de l'Escaut. Cet extrait renferme de curieux renseignements sur l'origine de nos diverses collections scientifiques, que la ville de Gand peut aujourd'hui montrer avec tant d'orgueil aux étrangers.

« L'instrction publique, si utile à toutes les classes de la société est un des objets les plus dignes de l'attention du gouvernement : Le but de l'instruction publique est de développer les facultés intellectuelles et morales des citoyens et de les rendre propres à remplir dignement les places auxquelles ils seront un jour appelés par leur vocation ou le vœu de leurs concitoyens. »

« Pour parvenir à ce but la loi du 3 Brumaire an IV, établit dans chaque

« Nous avons transporté au dépôt de Baudeloo, les bibliothèques des Récollets, Carmes-chaussés et déchaussés, Dominicains, Augustins, des abbayes de Waerschoot et de Tronchien-

canton une ou plusieurs écoles primaires, et une école centrale dans chaque département : elle établit auprès de chaque école centrale une bibliothèque publique, un jardin botanique et un cabinet d'histoire naturelle et de physique expérimentale. Qu'il nous soit permis de jeter un coup-d'œil sur l'état présent de chacun des établissements littéraires. »

« L'école centrale du département fut organisée au mois de Floréal an V, un grand nombre de candidats se présentèrent pour les places de professeurs. Le jury d'instruction publique nomma des citoyens dont le savoir et la probité, en captivant la confiance du public, devaient assurer le succès de l'école. Aussi un grand nombre d'élèves fréquentèrent-ils chaque année les leçons, et des citoyens d'un âge formé ne dédaignèrent-ils pas de les fréquenter pour acquérir de nouvelles connaissances ou accroître celles qu'ils possédaient déjà. »

« Cette école fut placée à Gand dans une ci-devant abbaye (celle de Baudeloo), presqu'au centre de la ville : la situation et la beauté du jardin décidèrent le choix de cet emplacement Les établissements requis par la loi près de chaque école centrale et si nécessaires pour accroître et améliorer l'instruction furent promptement organisés : il ne sera pas inutile de dire un mot de leur existence actuelle. »

« Une bibliothèque publique bien orgrnisée est de tous les établissements littéraires le plus utile pour propager les lumières dans un pays : c'est là que le jeune homme doit apprendre à connaître les instruments dont il aura à faire usage dans la carrière des sciences, c'est là que l'homme instruit trouve de quoi agrandir ses connaissances et que le savant puise les matériaux qui doivent faire l'objet de ses médiations. »

« La bibliothèque de l'Escaut, formée des bibliothèques des corps religieux, d'une partie de celle du conseil de Flandre, de celle des états et autres administrations civiles, est riche en grands corps d'histoire, en collections des SS. Pères, en conciles, en ouvrages de droit. Elle possède quelques grands ouvrages d'histoire naturelle. Il lui en manque un grand nombre sur les arts, les sciences et la littérature ancienne et moderne. Elle ne possède pas non plus les mémoires des sociétés savantes ni ces ouvrages qui représentent l'état actuel des sciences. Pour commencer à remplir cette lacune, nous voterons une somme de 3000 livres, somme qui est loin d'être exorbitante, quand on considère l'immense population de ce département, l'amour du peuple pour les arts et les sciences et les sommes considérables que le département verse annuellement dans le trésor public. »

« Le jardin botanique est après le jardin de Paris, un des plus vastes de la république. Il est formé des semences envoyées par l'administration du nes, de l'administration du Vieux-Bourg, du ci-devant conseil de Flandres et de l'abbé de Saint-Pierre; cette dernière avait considérablement souffert pendant que le général S...... (1)

jardin national des plantes de la capitale de la France, par un grand nombre de végétaux que l'école a achetés, enfin par un plus grand nombre donné par les amateurs de cette ville qui aiment à enrichir le jardin de tout ce qu'ils possèdent de rare et de curieux. Les plantes y sont classées d'après le système de Linnée. Près de dix mille végétaux, des serres supérieurement éclairées, faites d'après les meilleurs principes, une grande et belle orangerie et des bacs à forcer, montrent ce qu'avec de faibles moyens, il est possible de faire en peu d'années, lorsqu'un zèle éclairé conduit l'ouvrage, soutenu par l'économie et des soins assidus. Un jardin aussi spacieux exige quelques frais et a besoin de plusieurs ouvriers : nous croyons que le gouvernement ne trouvera pas exhorbitante la somme que nons avons arrêtée pour son entretien.

« Le cabinet d'histoire naturelle possède une collection d'oiseaux et de quadrupèdes, des bois exotiques et indigènes, des minéraux, des coquillages : un des projets du professeur est de présenter dans un local tout ce qu'offrent dans ce département les trois règnes de la nature. »

« Le gouvernement n'ayant pu fournir à l'école les instruments qui lui sont nécessaires pour les expériences de physique et de chimie, cet établissement s'en serait vu privé, si un citoyen bienfaisant, ami des sciences, n'était venu à son secours, en lui prêtant un grand nombre de belles machines qu'il avait en sa possession. Mais on ne pourra pas toujours retenir ces instruments, et il en est d'ailleurs de nécessaires qui manquent à cette collection. Pour former insensiblement ce cabinet, nous avons pensé qu'une somme de 2000 francs pourrait suffire : nous en demandons l'approbation du gouvernement. »

« Depuis la cessation des leçons de médecine à l'université de Louvain, le charlatanisme le plus effréné s'est introduit dans les villes et à la campagne. Il est temps enfin de faire cesser ces maux. L'intérêt bien compris du pays veut qu'il y soit établit une école spéciale de médecine, et tous les projets présentés sur cet objet au corps législatif en ont placé une dans les départements réunis de la Belgique. Notre trop grand éloignement de Paris est cause qu'une foule de jeunes étudiants vont prendre leurs degrés en Hollande et au-delà du Rhin, où ils obtiennent facilement des diplômes. Ils viennent ensuite éprouver leur inexpérience sur leurs malheureux concitoyens. Pour prévenir des abus aussi criants, vous sentez, citoyen ministre, combien il est urgent d'organiser promptement dans ce pays une école spéciale de médecine. »

(1) Le général désigné par cette initiale est le comte Nicolas-Marie de Songis, né en Champagne en 1761, et mort en 1809. Il fut élevé au grade

avait occupé la maison abbatiale; en effet, les scellés ont été brisés, les portes ouvertes par la force, et les meilleurs tableaux, estampes, livres et dessins furent enlevés. »

« Il reste encore à transporter au même local la bibliothèque des Capucins, celle des religieux de Saint-Pierre et celle des ci-devant Etats. »

« Quant aux autres qui se trouvent dans les maisons religieuses des différens cantons du département, les moyens nous ont jusqu'à présent manqué pour les faire transporter, et nous avons même lieu de craindre qu'un grand nombre de tableaux ne soient déjà vendus. Quant aux livres mêmes, ils consistent en grande partie en ouvrages de théologie et de jurisprudence, parmi lesquels se trouve une superbe collection des meilleures éditions des SS. Pères et des conciles; un grand nombre de livres d'histoire, parmi lesquels se distinguent les grandes collections historiques, comme sont celles de Martene et Durand, de Baluse, de Canisius, de Dachery, de Bolandus et ses successeurs, les collections des historiens d'Allemagne, celles des historiens de France de D. Bouquet, de l'Italie de Muratori (cette dernière est incomplète), le corps diplomatique, etc., il manque à cette classe une grande partie des historiens anciens et modernes. »

« Pour la théorie et l'histoire des arts et sciences, nous avons trouvé très-peu d'ouvrages, et presque rien pour la médecine. »

« Pour l'histoire naturelle nous avons les ouvrages d'Aldrovandus, de Buffon, Réaumur, Zwammerdam. »

« Nous avons trouvé une assez belle collection de dictionnaires, tant pour les langues que pour l'histoire, la géographie et les sciences, tels que sont le Thesaurus Roberti Stephani, édition de Londres, le Glossarius de Du Cange avec le supplément de

de général d'artillerie. Si nous en croyons la *Galerie historique des Contemporains*, Mons, 1827, VIII, 252, il se distingua successivement en Italie, en Egypte, en Pologne en Allemagne, et donna partout des preuves de la plus grande valeur et du plus rare mérite. On serait tenté de croire en lisant le rapport du Jury de Gand, que le brave général n'était pas insensible à la possession de nos objets d'art et de nos raretés bibliographiques.

Carpentier, le dictionnaire géographique de la Martinière, le dictionnaire historique de Moréri dernière édition, celui de Bayle, Chaufepié, etc., le dictionnaire encyclopédique, première édition de Paris avec les supplémens. »

« Parmi les auteurs classiques un grand nombre d'anciens auteurs latins nous manque et presque tous les grecs. »

« Nous avons la collection des arts et métiers de l'académie des sciences, les mémoires de l'académie des inscriptions et belles-lettres, ceux de l'académie des sciences; mais plusieurs volumes des dernières années de ces deux académies nous manquent. »

« Nous avons une belle collection d'ouvrages sur les médailles et les antiquités; mais pour completer cette collection, il y a encore un grand nombre d'ouvrages qui nous manquent et même les plus précieux, tels que le Museum Florentinum, les antiquités d'Herculanum, les vases Etrusques de Hamilton, les médailles de Pélérin, les pierres gravées du cabinet du roi, du duc d'Orléans, celles de Marlbourough, de l'empereur, etc.

Nous avons quelques ouvrages sur la typographie, quelques descriptions de bibliothèques, telles que celles de la bibliothèque nationale de Paris, etc. »

« Sur la diplomatique, nous n'avons que Mabillon seul et encore sans le supplément. »

« La littérature et surtout la littérature moderne nous manquent presque entièrement. »

« En général nous avons un très-beau fond pour commencer une bibliothèque publique; les livres surtout que nous avons trouvés à l'abbaye de Saint-Pierre, et au ci-devant conseil de Flandres sont supérieurement conditionnés; mais il nous manque un grand nombre d'ouvrages dans toutes les classes, surtout en histoire naturelle, médecine, physique, chimie, arts et sciences. Ce sera en tâchant d'obtenir du ministre de l'intérieur quelques ouvrages des dépôts nationaux, en assignant tous les ans une somme pour acheter d'anciens et de nouveaux ouvrages; ce sera surtout aux connaissances, au zèle et aux travaux infatigables d'un bon bibliothécaire qu'on devra la perfection de cette bibliothèque, désirée depuis si longtemps par tous ceux, à qui les lettres et les connaissances humaines ne sont pas indifférentes. »

De tous ces ouvrages recueillis dans divers dépôts religieux et civils, nos archives de la bibliothèque ne possèdent d'autre inventaire du temps que celui de la collection de l'ancien Conseil de Flandre : il est rédigé de la main de M. Van Hulthem, qui a rendu alors tant de services aux arts et aux lettres. Cet inventaire, fait le 20 Ventôse et le 30 Germinal an V, ne contient que 194 ouvrages, la plupart des autres ayant déjà disparu : mais on y remarque de grandes et importantes collections, telles que celles de Martene et Durand, de Montfaucon, de P. Bayle, de Moreri, et presque tous les historiens les plus remarquables des Pays-Bas.

Insensiblement la collection était devenue tellement nombreuse que la bibliothèque de l'ancienne abbaye de Baudeloo pouvait à peine en contenir un tiers : le reste était placé dans des chambres adjacentes.

M. Van Leemput, professeur d'histoire à l'école centrale fut le premier conservateur de la bibliothèque que l'on venait de réunir, mais qui n'était pas encore publique. Il en exerçait déjà les fonctions dès le mois de Floréal, an VI. Il fut remplacé en l'an VIII par M. Van Hulthem, qui, après avoir assisté le 18 Brumaire à la fameuse séance du Conseil des Cinq-Cents, venait de retourner dans sa patrie. Le premier soin de ce savant bibliophile, fut de rendre publique la bibliothèque de l'école centrale; cependant comme elle s'accroissait journellement, il transforma en bibliothèque, comme nous l'avons déja vu, la jolie église de l'abbaye de Baudeloo, et aussitôt que les livres y furent transportés et rangés, il s'empressa de l'ouvrir au public : ce qui eut lieu avant la fin de l'an X.

Le savant A. G. Camus, qui visita la Belgique à la fin du mois de Septembre 1802, parle avec éloges de la bibliothèque de Gand, et termine en ces termes : « C'est à cette bibliothèque qu'on a donné, peut-être pour la première fois, une leçon complète de bibliographie et d'histoire littéraire. Le programme publié par le citoyen Van Hulthem en l'an IX, n'a qu'un défaut, à mon avis ; c'est d'excéder par l'abondance des matières, la variété et la multiplicité de l'érudition, les bornes d'un cours de bibliographie, même celles d'un cours d'histoire littéraire. Tous les ouvrages qui étaient cités comme monuments ont été, autant que possible, mis sous les yeux des élèves. Une belle collection de médailles leur donna une idée de la numismatique et de l'art monétaire chez différents peuples. On leur montra, sur les originaux, les commencements, les progrès et l'état actuel de la gravure en taille-douce. Des manuscrits de différents âges ; des éditions du XVe siècle ; des exemplaires d'ouvrages imprimés chez les Plantin, les Turnèbe, les Guérin ; des ouvrages de Baskeville, Bodoni et Didot, leur présentèrent la variété des formes des anciennes écritures, les premières productions de la typographie, les modèles des éditions belles et bonnes qui font le charme de ceux qui étudient ; des exemples de livres de luxe, qu'on lit peu, mais que l'on contemple avec le même plaisir que des gravures (1). »

Cet intéressant programme qui a paru à Gand, chez

(1) Voyages dans les départements réunis. Paris an XI (1803), in-18. vol. 2, p. 127 et 128.

P. J. De Goesin-Verhaeghe, forme 8 pages in-4 : il est devenu fort rare ; mais on le trouve réimprimé dans le *Magazin encyclopédique* de Millin ; Ginguené en fit un grand éloge dans sa *Décade philosophique* et Camus en parle encore très-honorablement dans son *rapport à l'institut*, Paris, Baudouin, an XI, in-4, pag. 74-76. M. Van Hulthem donna cette leçon à la bibliothèque publique trois fois par Décade, pendant deux ans [1].

Nommé, sans l'avoir aucunement sollicité, membre du tribunat, en 1802, il garda ces fonctions jusqu'à la suppression de ce corps en 1808, mais il conserva toujours son titre de bibliothécaire du département de l'Escaut. Sa place fut remplie *ad interim*, par un de ses anciens élèves, M. J. B. G. Wallez, de Gand, qui fut depuis 1830, pendant quelques années, secrétaire de la légation Belge à Londres.

La bibliothèque de l'école centrale fut cédée à la ville de Gand, par le gouvernement Français, le 3 Prairial an XII, sur la demande qu'en avait faite l'administration communale. Dans cet acte de cession, signé par le ministre Chapsal, il est dit : « La possession des bibliothèques et musées est laissée aux villes qui en jouissaient, avant la loi du 11 Floréal an X, sur l'instruction publique, pourvu qu'elles se chargent de pourvoir aux frais de leur conservation. Je vous invite en conséquence à prévenir la ville de Gand qu'elle pourra disposer du musée et de la bibliothèque formés dans son sein et les administrer aux frais de la commune [2]. »

M. Faipoult, préfet du département de l'Escaut, où il a laissé de si honorables souvenirs et dont à la maison de

(1) Voyez notre notice sur Ch. van Hulthem, en tête de son catalogue, vol. I, p. XXIV.

(2) Voir les archives de la ville de Gand et celles de la Bibliothèque.

ville de Gand, on conserve le portrait avec un religieux respect, disait en terminant la lettre qui accompagnait l'envoi de cet acte : « Dans ce nouveau bienfait, Monsieur le Maire, vous trouverez une preuve nouvelle de l'intérêt que porte le gouvernement à la ville de Gand et qu'elle justifie à tant de titres. »

Dans le premier temps de sa formation et aussi longtemps qu'il a fait partie de l'école centrale, ce dépôt scientifique s'est beaucoup enrichi par de fréquents envois de la part du ministre de l'intérieur. Il recevait ordinairement un exemplaire des meilleurs ouvrages nouveaux qui paraissaient à Paris, surtout du nombre de ceux que le gouvernement français faisait publier à l'imprimerie de la république. Par ce moyen, on eut bientôt ajouté aux bons livres anciens sur les sciences mathématiques et physiques, les ouvrages des savants les plus distingués de la France, dont les découvertes ont tant contribué aux rapides et brillants progrès de cette branche de l'instruction.

Ce fut pour la première fois en 1800 que l'on mit à la disposition du bibliothécaire une somme pour achats de livres. Dans le même temps M. Van Hulthem, en acceptant ces fonctions, employa au même usage le montant du premier semestre de ses appointements, qui s'élevaient par an à 2400 francs. Les années suivantes, jusqu'à l'époque où un arrêté des consuls donna aux villes la propriété des bibliothèques qui cessaient d'appartenir aux écoles centrales, le conseil général du département vota un fonds pour entretenir et augmenter cette grande collection. Depuis, le conseil municipal a témoigné l'intérêt qu'il prenait à la conservation de la bibliothèque en lui accordant les sommes qu'il jugeait nécessaires.

Cependant nous avons tout lieu de croire qu'à cette époque l'administration communale ne fut pas des plus libérales à l'égard du dépôt littéraire confié au zèle de M. Van Hulthem. En effet nous avons trouvé quelque part dans la correspondance officielle de celui-ci : « Je ne puis trop le répéter, on me donne fort peu d'argent pour l'usage de la bibliothèque... et ce n'est qu'avec du zèle et de l'économie que cet établissement peut subsister et être porté au degré d'utilité auquel je serais si heureux de le voir parvenir. J'ajoute à la bibliothèque publique l'usage de la mienne, dont la formation m'a coûté des sommes très-considerables et des peines infinies. Le peu d'argent qu'on m'accorde et mon desir de faire arriver un jour la bibliothèque en état réel de splendeur, sont cause qu'il me faut user de beaucoup de prudence et d'économie, etc. »

Toutefois à l'aide des subsides de la commune et des cadeaux du gouvernement républicain, on est parvenu à joindre aux richesses littéraires rassemblées à Gand, une grande partie de ce qui leur manquait pour en rendre l'usage plus général, en offrant à toutes les classes de lecteurs une lecture assortie à leur profession et à leurs connaissances acquises, et un choix de quelques uns de ces ouvrages qui devaient répandre dans le pays le goût de quelques sciences utiles, presque nouvelles, par la manière dont on les cultivait depuis peu d'années.

Ce qui contribua encore à la prospérité de la biblothèque, c'est que M. Van Hulthem eut le talent bien précieux pour un bibliothécaire, d'intéresser à cet établissement des amis des sciences qui voulurent l'enrichir de leurs dons : on sait que c'est par de semblables dons, offerts par de grands princes et les premiers savants de l'Europe, que la célèbre bibliothèque de Gottingue est devenue l'une des plus importantes du monde. Celle de Gand dut à la munificence du prince Joseph Bonaparte, plus tard roi de Naples, le superbe ouvrage de Piranesi, en 29 volumes grand in-folio, si souvent consulté par les peintres, les sculpteurs et les architectes. Le Virgile de Didot, de 1798, in-folio, et les trois volumes du Racine, du même typographe, ouvrages les plus remarquables que la typographie eut encore produits jusque-là, furent donnés par M. le préfet Faipoult, ainsi que la belle description des plantes du jardin de Cels, de Ventenat. M. Van Hulthem envoya, entre autres, la précieuse collection des antiquités d'Herculanum, 9 volumes in-folio, et plusieurs autres collections importantes.

Un ancien élève de l'école centrale, M. Joseph van Haut, de Gand, qui avait remporté les prix dans différents concours et qui mourut à Paris, élève de l'école de médecine, se souvint de la bibliothèque où il avait puisé une partie de son instruction, et lui légua sa collection de livres.

Forcé à de fréquentes absences pour se rendre à Paris, où il avait été appelé pour exercer les fonctions législatives, d'abord au tribunat, ensuite au Conseil des Cinq-Cents, M. Van Hulthem, comme nous l'avons vu, s'était fait remplacer ad intérim par M. J. B. G. Wallez; mais celui-ci, après avoir rendu de grands services au dépôt qui lui avait été confié, demanda et obtint sa démission le 22 Avril 1809, après le retour du titulaire.

A peine M. Van Hulthem était-il rendu à ces paisibles occupations bibliographiques, qu'il eut un beau matin, le 19 Août 1809, le bonheur de voir arriver à sa bibliothèque chérie, pour y être déposées, cinq énormes caisses, remplies de bon nombre d'incunables et de manuscrits que lui envoyait M. le baron d'Houdetot, alors prefet de l'Escaut et M. Geynet, directeur des domaines. Ces cinq caisses contenaient des ouvrages provenant de l'abbaye de St. Pierre, à Gand, et l'on se disposait à les faire passer en Angleterre pour les délices des bibliophiles de ce pays, quand elles furent découvertes à Amsterdam et saisies par l'administration des domaines. Cet heureuse capture fournit à la bibliothèque de Gand, outre les plus beaux manuscrits qu'elle possède et qu'il serait trop long d'énumérer, des raretés bibliographiques qu'elle montre avec orgueil, telles que la célèbre *Bible de* 1472, de Schœffer de Mayence, *la Bible polyglotte* de Plantin, celle de Watson, et plusieurs autres non moins remarquables en diverses langues orientales ; le *voyage de Bredenbach à Jérusalem*, édition de Mayence, 1488 ; les *Domitii Calderine commentarii in M. Valerium Martialem*, Venetiis, 1487; *Valère le Grand translaté de latin en français.* Paris, Ant. Verard. sans date, in-folio ; le *Monasticum anglicanum* complet, etc. Il est assez digne de remarque que parmi ces incunables, il ne s'en trouve pas un seul imprimé aux Pays-Bas.

Nommé en 1810 aux fonctions de recteur de l'académie impériale de Bruxelles, M. Ch. van Hulthem quitta la bibliothèque de Gand, rassemblée et conservée par ses soins vigilants, accrue, enrichie et vivifiée par son zèle intelligent et son désintéressement si généreux. Il fut remplacé par M. Walwein de Tervliet, qui fut installé le 29 mai 1810, dans ses fonctions, par le maire de Gand, M. Ch. Pycke et le secrétaire, M. Ch. Pieters.

Jusqu'à cette époque, quoiqu'établie depuis treize ans, la bibliothèque ne possedait encore que deux fragments de catalogue : le premier celui des manuscrits avait été commencé par M. Van Hulthem; le second, celui de théologie, par M. P. J. de Goesin-Verhaeghe(1), savant

(1) Nous devons à l'obligeance de M. l'architecte Goetghebuer des renseignements qui nous permettent de consacrer quelques mots de souvenir à ce savant bibliographe qui, comme Ermens de Bruxelles, conserva ou plutôt créa chez nous l'art de la catalographie, qui exige tant de connaissances et de soins munitieux. Leurs nombreux catalogues, dont quelques-unes sont pourvus de tables, sont fort recherchés des amateurs Belges et étrangers et il est à espérer, dans l'intérêt de la bibliographie, que leur méthode ne sera pas perdue en Belgique.

Pierre-François-Antoine de Goesin, peintre, ancien professeur de l'académie de dessin et de l'école centrale, un des directeurs de la société royale des beaux-arts et de littérature, naquit à Gand le 12 Janvier 1753 et y mourut le 18 Avril 1831.

Il était fils de Pierre-François, imprimeur de l'empereur d'Autriche, et appartenait à une famille qui, depuis la quatrième génération, avait exercé avec distinction à Gand l'art de la typographie. Il avait reçu une éducation très-soignée, et savait les langues flamande, latine, française, allemande et italienne; il joignait à ces connaissances beaucoup d'amour pour les beaux-arts. En 1774, il remporta à l'académie de dessin de Gand, le grand prix d'après nature.

Enflammé par ce premier succès, qui semblait lui ouvrir une carrière brillante, il voulut se livrer exclusivement à la peinture et partit en 1775 pour l'Italie, où il résida pendant cinq ans, et s'adonna à l'étude assidue des grands maîtres. Dans ses voyages, rien de ce que l'Italie, l'Allemagne et la France offrent de curieux, n'échappa à son œil observateur.

De retour dans sa patrie, il essaya de mettre en pratique ses études et peignit pour l'hôtel de M. le comte d'Hane, seigneur de Leeuwerghem, quatre dessins de porte, et, pour le séminaire, le portrait du prince de Lobkowitz, évêque de Gand; malheureusement ces deux ouvrages furent trouvés si médiocres qu'on n'osa les exposer au grand jour.

Ce mauvais début et d'autres incidents non moins désagréables déconcertèrent ses parents, qui, après avoir fait pour son éducation artistique de nombreux sacrifices et se voyant trompés dans leurs espérances, le firent ainsi que son frère, admettre, en 1784, dans le corps des imprimeurs de Gand.

A peine entré dans cette nouvelle carrière, le jeune Pierre de Goesin fut nommé en 1785, imprimeur de sa majeste impériale, pour la Flandre, et alla se fixer à Bruxelles jusqu'en 1789. Chassé de cette ville par la révolution brabançonne, il vint se réfugier à Gand, et s'y établit; mettant à profit ses connaissances aussi nombreuses que variées, il y acquit bientôt le titre de imprimeur, qui parait avoir été attaché pendant quelque temps à la bibliothèque : plus tard, M. Joseph Roose, de Lima, ancien élève de l'école centrale, fit, en qualité d'aide-bibliothécaire, le catalogue des ouvrages de médecine et celui des belles-lettres.

Tout en s'occupant d'un nouveau classement bibliographique, qui pouvait être fort bon, mais dont le grand défaut était d'être tout-à-fait insolite et que pour cette raison son successeur ne put conserver, M. Walwein de Tervliet rédigea et publia le Catalogue des manuscrits (1), alors au nombre de 234. Depuis, ce nombre s'est acru jusqu'au chiffre de 556. Ce catalogue laisse assurément bien des choses à désirer ; mais on n'a pas assez, ce nous semble, tenu compte à l'auteur des difficultés que présente un

l'imprimeur le plus instruit de la Belgique. Outre les bons et nombreux ouvrages sortis de ses presses, pendant quarante ans, on a de lui :

1° Historie en inrichting der koninglyke academie van teeken, schilder en bouw-kunde van Gend, 1794, in-8. — 2° Description pittoresque de l'église cathédrale, à Gand, 1819, in-18. — 3° Notice sur l'incendie de cette église, en 1822, in-18. — 4° Notice des tableaux de musée, in-8. — 5° Guide de l'étranger dans la ville de Gand, dont 40 pages seulement ont été imprimées. — 6° Les catalogues d'expositions de tableaux de l'académie de Gand, en 1792, 1796, 1802, 1804, 1806, 1808, 1810, 1812, 1814, 1817, 1820, 1823, 1826, 1829. — 7° Les catalogues des livres du conseiller G. J. Rooman, 1791, du baron Dubois de Schoondorp, 4 vol. in-8, 1804-1810; des professeurs B. Coppens, F. Cassel, Van Bavière ; des abbés Ghesquière et Van de Velde, etc. etc. MM. Ch. van Hulthem et de Laval, sous-bibliothécaire de l'université de Gand, ont beaucoup travaillé à ce dernier catalogue qui est très-estimé.

(1) *Catalogue des manuscrits de la bibliothèque publique de la ville de Gand, classés par le bibliothécaire Joseph-Antoine Walwein de Tervliet, écuyer, ci-devant commissaire ou sous-intendant du district d'Ypres; depuis haut-échevin du pays de Waes; actuellement membre des états de la Flandre Orientale et de la classe de littérature de la société royale des beaux-arts de Gand, etc.* Gand, Houdin, 1816, de 56 pag. in-8°, non compris 3 feuillets pour le titre, l'avertissement et la table. *Devenu fort rare.*

semblable travail. M. Walwein a du moins rendu un service aux lettres en indiquant au public les richesses manuscrites que possédait alors notre bibliothèque, la seule jusqu'à présent en Belgique qui ait le catalogue imprimé d'une partie de ses manuscrits; car nous ne parlerons pas du dépôt de Tournai dont la collection, sous ce rapport, n'offre pas encore grand intérêt.

A cette époque le budget de la bibliothèque, accordé par l'administration municipale, avait été singulièrement réduit : il ne s'élevait plus qu'à la modique somme annuelle de 1800 florins, dont 567 formaient le traitement du bibliothécaire; le reste était réparti entre le traitement du sous-bibliothécaire, son aide de service, l'achat et la reliure des livres, etc. On devine bien que les nouvelles acquisitions devaient être fort insignifiantes.

Mais une ère nouvelle et brillante va s'ouvrir : le gouvernement des Pays-Bas, graces aux instances pressantes de M. le comte de Lens et de M. Van Hulthem, décrète en Octobre 1817, l'érection d'une université à Gand. La ville par un acte, approuvé par un arrêté royal du mois de Janvier 1816, N° 77, mit sa bibliothèque, avec tous les objets mobiliers qui s'y trouvaient, à la disposition et à la jouissance de cet établissement d'instruction supérieure, sous certaines conditions, parmi lesquelles nous remarquerons seulement la suivante, formant l'article VII. « *Si par suite de circonstances qui ne peuvent être prévues, l'université cessait d'exister dans la ville de Gand, ou que celle-ci renonçât à la jouissance de la bibliothèque, la ville de Gand, rentrera dans la plénitude de sa propriété, sans que du chef des accroissements ou du décroissement des valeurs, soit des batiments, soit des divers ouvrages, livres et autres objets qui s'y trouveront alors, il y aura lieu à indemnité quelconque, de part ni d'autre, tellement que la ville en rentrera en jouissance pleine et entière dans l'état qu'elle se trouvera* [1]. »

Cette cession fut faite sous la régence de M. Philippe, comte de Lens et du St.-Empire, chambellan de S. M. le roi des Pays-Bas, chevalier de l'ordre du Lion Belgique, membre de la première chambre des états-généraux, bourgmestre; de MM. F. Verhegghen, De Meyer, J. B. van Bosterhout, Piers de Raveschoot, Roman de Block et Minne, échevins; MM. L. Rottier et Hye Schouttheer, secrétaires.

La remise de la bibliothèque à l'université eut lieu le 9 Février 1818. MM. Charles-Joseph-Jean de Meyer, échevin, et Joseph Van Bambeke, conseiller de régence, assistés de M. François-Jean-Pierre Hye-Schoutheer, secrétaire de la ville, étaient délégués de la part des bourgmestre et échevins de Gand. M. le comte de Lens, président du collége des Curateurs de l'université de cette ville, assisté de M. Norbert Cornélissen, secrétaire-adjoint de l'université, représentaient le collége des Curateurs. En même temps eut lieu, en remplacement de M. Walwein de Tervliet, l'installation, comme professeur-bibliothécaire, de M. Pierre Lammens, chevalier de l'ordre royal du Lion Belgique, déjà nommé à ces fonctions, dès le mois de Novembre 1817. M. Lammens eut un traitement de 2500 florins des Pays-Bas, outre les divers avantages attachés alors à la place de professeur, dont il ne fut pas tenu de remplir les fonctions.

D'après l'article 6 du contract de cession de jouissance de la bibliothèque, la régence avait stipulé qu'il serait fait un inventaire de ce dépôt, afin de connaître quel en était

(1) Voir aux archives de la ville et à celles de la Bibliothèque.

l'état au moment de sa remise au gouvernement. M. Charles Van Coetsem, médécin et répétiteur à l'université, et M. Jean François De Laval, compagnon typographe, furent chargés de ce soin. Leur inventaire, commencé le 17 Février 1818, fut achevé le 1er Décembre de la même année. Il nous fait connaître que la bibliothèque comptait alors

23,700 volumes imprimés depuis le XVIe siècle.
202 incunables
234 manuscrits.

Cet inventaire, est aujourd'hui déposé à l'Hôtel-de-Ville et forme un gros volume in-folio. En l'examinant, on est à même d'apprécier qu'elle était déjà à cette époque les richesses de la bibliothèque de Gand. On y trouve, il est vrai, un grand nombre d'ouvrages de théologie ascétique et de jurisprudence : mais ce serait une grave erreur de croire qu'il n'y eut alors que cette espèce de livres. L'on y remarque de nombreuses et riches séries d'ouvrages les plus recommandables sur toutes les connaissances humaines, telles que l'histoire générale et particulière, les antiquités, les belles-lettres, l'histoire naturelle, etc. etc.

Une fois attachée à l'université, la bibliothèque prit de rapides et utiles accroissements : elle jouit chaque année d'un subside de 2000 florins qui furent uniquement consacrés à de nouveaux achats et aux frais de reliure : plusieurs fois le gouvernement ajouta à ce subside une somme extraordinaire de 700 florins, et, en 1824, il donna de cette manière 1000 florins pour acquisitions à faire à la vente de la célèbre bibliothèque de Meerman. Mais ce qui contribua le plus alors à donner une haute réputation à la bibliothèque de Gand, ce fut l'achat qu'elle fit, par contrat du 15 Janvier 1818, de la plus grande partie de la riche collection de M. Lammens. Cette collection, précieuse surtout sous le rapport de la beauté des éditions et du choix des exemplaires, fut payée 32,000 florins : cette somme fut prise sur le subside extraordinaire accordé à chacune des trois nouvelles universités, pour la première formation de leurs collections scientifiques et littéraires : quant aux autres universités de Louvain et de Liége, cette dernière surtout, elles préférèrent acquérir des ouvrages tout-à-fait modernes, afin d'être de suite au courant de la science.

La collection cédée par feu M. Lammens pouvait se monter à environ 18,000 volumes, qui furent bientôt réduits à 13 ou 14,000 au plus ; car, formée principalement, comme la bibliothèque de Gand, après la dispersion des dépôts littéraires des couvents et des abbayes, elle dut nécessairement présenter beaucoup de doubles que M. Lammens reprit pour une somme de 7550 florins. Ce qui vient à l'appui de notre assertion, c'est que dans un recolement, fait en Mars 1827, c'est-à-dire neuf ans après cet achat, et après de nouvelles acquisitions, pendant ce laps de temps, d'environ 20,000 florins, on trouva 426 manuscrits et 42,824 volumes imprimés, non compris les brochures.

M. Lammens, qui outre son titre de bibliothécaire, avait celui de professeur ordinaire avec le traitement attaché à cette place, mourut le 9 Juin 1836, à l'âge de 74 ans, à la suite d'une longue maladie. Le 13 Avril, de la même année, il avait eu pour successeur l'auteur de cette notice. Fidèle aux principes de son ami M. Van Hulthem, pendant les dix-sept années de son administration, il s'appliqua à augmenter, dans le dépôt confié à ses soins éclairés, la série des grands ouvrages fondamentaux et des livres anciens qui pouvaient servir à compléter l'histoire de chaque science : aussi, la bibliothèque de Gand renferme-t-elle de grandes richesses bibliographiques, sous ce point de vue, tout en présentant aux lecteurs une collection, moins nombreuse à la vérité, mais encore très-remarquable d'ouvrages modernes.

M. Lammens était très-difficile dans le choix de ses exemplaires : tous ceux qu'il a acquis sont d'une beauté remarquable, et le bibliophile saura toujours les reconnaître.

C'est sous sa direction que le catalogue actuel a été confectionné et transcrit par le sous-bibliothécaire M. J. F. De Laval, homme aussi modeste que laborieux, qui a bien mérité de la ville de Gand pour les services rendus à l'établissement auquel il s'est consacré tout entier depuis vingt ans. Ce catalogue se compose de dix volumes manuscrits in-folio, comme suit :

1° Théologie.

2° Jurisprudence.

3° Médecine.

4° Philosophie. — Physique et chimie. — Histoire naturelle.

5° Mathématiques, appendice aux sciences. — Arts et Métiers. — Beaux-arts.

6° Belles-Lettres.

7° Classiques latins et grecs.

8° Histoire générale, moins celle de la Belgique.

9° Histoire de la Belgique.

10° Antiquités. — Histoire littéraire. — Bibliographie et Biographie.

Dans chacun de ces catalogues les ouvrages sont rangés d'abord par ordre alphabétique de noms d'auteurs, et ensuite, de titres, pour les livres anonymes. La bibliothèque possède encore un catalogue complet de ses manuscrits, un autre pour ses incunables et un troisième pour les thèses et dissertions académiques, divisées par facultés.

On s'occupe actuellement d'un catalogue méthodique général, travail important et nécessaire, que l'ancien gouvernement avait déjà demandé, dès l'année 1818. La régence de la ville de Gand, avec une munificence éclairée digne de la reconnaissance de tous les hommes instruits, vient de voter une somme de 1250 francs pour l'impression, presque terminée en ce moment, du catalogue spécial de la faculté de jurisprudence. On espère pouvoir livrer successivement les autres à l'impression.

La bibliothèque de Gand possédait à la fin du mois d'Octobre 1837, 51,601 volumes imprimés et 556 manuscrits.

Les livres imprimés se subdivisaient ainsi :

Incunables.		325
Imprimés depuis 1500,	in-8°	36,077
— —	in-4°	10,113
— —	in-folio.	5,226

D'après les renseignements qui nous avaient été fournis, nous avions donné à cette bibliothèque, dans la première édition de notre *Guide de Gand ou notices historiques sur cette ville, ses institutions*, etc., publié en 1825, *environ* 60,000 volumes; dans la seconde, qui a paru en 1830, *plus* de 60,000 volumes et dans l'édition de 1837, nous lui avons assigné 62,000 volumes. Il est inutile de dire que ces chiffres ont été répétés par tous les écrivains qui parlent de la bibliothèque de Gand et qui croyaient ne pas pouvoir puiser leurs renseignements à meilleure source que dans un livre spécial.

Mais ayant voulu, au mois d'Octobre dernier, vérifier personnellement ce nombre, après avoir compté volume par volume, comme l'ont fait plusieurs autres bibliothécaires, en ayant soin de n'évaluer chaque dizaine de brochures, dissertations, discours, pamphlets et autres pièces fugitives, qu'un seul volume, nous n'avons trouvé que le chiffre ci-dessus, malgré des accroissements successifs depuis douze ans. Mais il est à remarquer que cette bibliothèque n'a plus ni doubles ni livres défectueux : elle a vendu en 1837 les 2,800 volumes de cette catégorie, qu'elle comptait autrefois, et le produit de cette vente a servi à acquerir quelques grandes collections dont elle était encore privée.

Quoique nous ne soyons pas tout-à-fait de l'avis de M. Benjamin Delessert, qui prétend, page 7 de son *Mémoire sur la bibliothèque royale de Paris,* 1835, grand in-4°, qu'une seule personne peut facilement compter 30 à 40,000 volumes par jour, nous désirons beaucoup avec lui que chaque bibliothécaire donne le chiffre *exact* des richesses bibliographiques qui lui sont confiées, en prenant pour bases les principes suivis par les savants Van Praet et Demanne. D'après la manière de compter ordinaire, le chiffre de notre bibliothèque se fut monté à environ 65,000 volumes [1].

Quelques exemples nous prouveront combien doit encore être erronée la statistique de bibliothèques. On donnait à celle de St. Marc., à Venise, 150,000 volumes : son bibliothécaire, M. l'abbé Beltio, vient de réduire ce chiffre à 65,000. Des estimations populaires portaient la

(1) Voyez notre *Statistique des principales bibliothèques de l'Europe*, dans la *Revue de Bruxelles*, Décembre, 1837, de 35 pages.

célèbre bibliothèque Bodléienne à 300 et même 400,000 volumes imprimés. Le judicieux Balbi et le *Quarterly review* de 1826 ne lui accordent que 200,000 volumes, et le savant Haendel abaisse même ce chiffre à 180,000. Il n'est presque pas de bibliothèques auxquelles on ne puisse appliquer une réduction plus ou moins forte (1).

Voici la statistique de nos bibliothèques publiques, rangées d'après leur importance.

	Imprimés.	Manuscrits.
Bruxelles, bibliothèque de la ville. .	140,000	
» bibliothèque royale (2). . .	60,000	16,000
Louvain, bibliothèque de l'université.	105,000	246
Liége, » »	60,000	437
Gand, » »	51,600	556
Tournai, bibliothèque de la ville (3).	27,000	127
A reporter. .	443,600	17,366

(1) Balbi., Essai statistique sur les bibliothèques de Vienne. Vienne et Paris, 1835, in-8°.

(2) La bibliothèque royale de Bruxelles a été fondée en 1837, après l'acquisition, faite par le gouvernement Belge, au prix de 279,400 francs, de la bibliothèque Van Hulthem, dont nous avons publié le catalogue méthodique, Gand, Poelman, 1836-37, 6 vol. in-8°. Cette bibliothèque, d'une grande importance pour l'histoire du pays, se composait d'environ 60,000 volumes et de 1100 manuscrits.

Les bibliophiles et les amis de l'histoire apprendront avec plaisir, que M. Marchal, Conservateur des manuscrits de Bourgogne, réunis maintenant à la bibliothèque royale, a déjà imprimé, aux frais du gouvernement Belge, mais non encore publié, la première partie du catalogue du précieux dépôt qui lui est confié : cette première partie, qui comprend 300 pages in-folio est intitulée *Extrait de l'inventaire général*, etc., et compte 15,000 titres. La seconde partie, dont l'impression avance rapidement, portera le titre de *Répertoire méthodique par classification des matières.*

(3) On possède sur cette bibliothèque l'opuscule suivant : *Précis historique et bibliographique sur la bibliothèque publique de la ville de Tournay, par M. Victor Deflinne-Mabille, Bibliothécaire de cette ville.* Tournay, Renard-Dosson, 1835, in-8. 77 pages.

Report. . .	443,600	17,366
Anvers, bibliothèque de la ville. .. .	14,000	26
Mons, » »	12,000	310
Courtrai (1), » »	12,000	300
Namur, » »	11,000	
Bruges (2), » »	10,000	626
	502,600	18,628

On peut évaluer de 190,000 à 200,000 le nombre des volumes disséminés dans des dépôts qui ne sont pas publics, mais qui offrent de garanties de conservation permanente, tels que la bibliothèque de la Chambre des représentants, des écoles militaire et vétérinaire, de la Cour de cassation, des cours d'appel, des archives générales du royaume, des grands séminaires de Malines, Liège, Gand, Namur et Bruges, de Bollandistes, à Bruxelles, des Jésuites, à Gand, de quelques athénées, colléges ou académies des beaux-arts, etc. etc.

Ainsi donc la Belgique, si riche autrefois en dépôts scientifiques et littéraires et dont les bibliothèques des seuls jésuites comptaient plus de 800,000 volumes, ne

(1) Cette bibliothèque, presque exclusivement cousacrée à l'histoire de la Belgique, a été donnée en 1835, par M. Goethals-Vercruysse, membre de l'académie de Bruxelles, sous la condition qu'elle serait publique, à un établissement de bienfaisance fondé par lui dans sa ville natale. La munificence du respectable donateur a ajouté à ce bienfait une rente annuelle pour l'entretien et la conservation de ce dépôt historique et littéraire Nous rappelons ce fait encore peu connu, car l'on ne peut donner trop de publicité à des actes d'un si noble et si généreux amour pour son pays. On peut voir sur l'importance de cette bibliothèque la notice biographique que nous avons consacrée à M. Goethals, et qui est insérée dans l'annuaire de l'académie de Bruxelles, Année 1839.

(3) Le catalogue complet ou plutôt l'inventaire des manuscrits de la bibliothèque de Bruges a été imprimé dans la *Bibliotheca manuscripta* de Hænel, 1830. in-4°.

contiendrait plus dans ses collections publiques et dans celles qui présentent des garanties de durée, que tout au plus 702,000 volumes, c'est-à-dire, moins encore que la seule bibliothèque royale de Paris, qui est à la vérité le plus riche dépôt du monde en ce genre.

Voici quelques-unes des raretés ou *Cimelia* de la bibliothèque de Gand, que nous nous faisons un devoir d'indiquer aux amateurs et aux bibliophiles, en attendant que nos occupations nous permettent de publier un catalogue raisonné et complet de nos manuscrits et de nos incunables.

MANUSCRITS.

1. Vita Sancti Amandi, Episcopi Trajectensis ad Mosam ac Gandensium aliorumque Belgarum Apostoli, etc. a Baudemondo ejus discipulo, tertio Blandiniensis monasterii abbate. Petit in-4.

Manuscrit très-précieux du IXe siècle, et le plus ancien que possède la bibliothèque de Gand. Il a été publié par Henschenius dans les *Acta Sanctorum*, à l'année 1658, tome I, 848, et dans les *Acta Sanctorum Belgii*, IV, 244. Perth en donne aussi un extrait dans ses *Monumenta Germaniæ Historica*, 2e volume, 1828, pag. 184.

2. Vitæ Sanctorum Belgicorum. in-4.

Manuscrit remarquable sur vélin, du commencement du XIe siècle et comprenant 193 feuillets. Il est orné de miniatures grossières, de lettres enluminées et de figures au trait. On y lit de la main de Justus Rycquius, poète Gantois bien connu, les lignes suivantes :

Jussit hunc venerandæ antiquitatis librum in hanc formam noviter compingi D. Justus Rycquius Canonicus et bibliotheca-

rius ecclesiæ cathedralis St. Bavonis Gandensis A° Dn[i] 1623. et plus bas sa devise : οὐχ' ἡ κτῆσις, ἀλλ' ἡ χρῆσις.

Fidèles à ce précepte, les bons chanoines de St. Bavon ont si bien fait usage de cette légende, qu'on vient d'être obligé d'en faire renouveler la reliure, en 1837.

3. Liber Floridus, a Lamberto Ornulphi filio, Canonico sancti Audomari, de diversorum auctorum floribus contextus. Grand in-folio.

Manuscrit très-important, sur vélin, écrit vers 1120 et orné d'un grand nombre de miniatures peu gracieuses, et qui portent le cachet de l'époque à laquelle elles ont été exécutées. Ce livre contient plus de cent cinquante différents traités sur toutes les branches de connaissances humaines; c'était la véritable encyclopédie de l'abbaye de St. Bavon, pour laquelle elle a été compilée par Lambert, fils d'Onulphe, chanoine de St. Omer, qui a eu le soin d'y insérer sa généalogie.

Il contient bon nombre de traités historiques et géographiques. Parmi les premiers, nous citerons la chronique des Normands et de leurs invasions et la petite chronique des comtes de Flandres. Il a beaucoup servi à plusieurs écrivains du XIIIe siècle, qui en parlent avec éloge, et surtout à Jean Thielrode, dont M. Aug. van Lokeren a publié la chronique de St. Bavon, en l'accompagnant de savantes et utiles recherches. Plusieurs extraits en ont été publiés par M. A. van Lokeren (1), par M. Warnkoenig (2), par M. Mohne (3), et en dernier lieu par M. le chanoine J. J. de Smet (4).

(1) Chronique de St. Bavon, à Gand, par Jean de Thielrode. Gand, 1835, in-8. *Martyrhologium*, pag. 201-208.

(2) Histoire de la Flandre et de ses Institutions civiles et politiques, jusqu'à l'année 1305. Brux. 1835, Tome I, pag. 330-333.

(3) Dans l'*Anzeiger*.

(4) Voyez dans la collection des chroniques Belges inédites, le recueil des Chroniques de Flandre, publié par J. J. de Smet, Tome Ier. Bruxelles, 1837, pag. 1 et suivantes.

« Le *Liber Floridus*, dit M. Warnkoenig, a été souvent extrait : il s'en trouve quelques fragments à la bibliothèque de Wolfenbuttel. Il mérite d'être examiné à fond, non-seulement par ceux qui s'occupent d'histoire politique, mais encore par les amateurs de l'histoire des sciences et des arts : par exemple, de l'astronomie, de la philosophie et même de la musique (1). »

4. Carmina Adelmi Episcopi de laude Virginatis, sive de laude Sanctorum. — Ejusdem liber de septem vitiis principalibus. — Caii Sedulii carmen Paschale, de miraculis Veteris Testamenti et libri de Novo Testamento. Grand in-4.

Manuscrit du XIIe siècle, sur vélin, de 95 feuillets et provenant de la ci-devant abbaye de St. Pierre de Gand. Il est très-proprement relié et décoré des N couronnés de Napoléon. Enlevé par les commissaires de la Convention, il fut transporté à Paris, placé à la bibliothèque nationale, et rendu à Gand, après la bataille de Waterloo. C'est le seul qui ait été restitué à notre bibliothèque.

C'est d'après ce Ms., collationné avec deux autres, que M. Bormans, professeur ordinaire à l'université de Liège, se dispose à donner une nouvelle édition du *Carmen Paschale* de *C. Sedulius*, dont la dernière, et la meilleure, à ce que nous sachions, a été faite à Rome, en 1794, in-4.

5. Biblia Sacra, in-12. mar. rouge. d. s. tr.

Manuscrit sur vélin du XIIe siècle, chef-d'œuvre de calligraphie microscopique, d'une beauté et d'une régularité admirables. Le vélin, qui en est d'une étonnante blancheur, est d'une telle finesse que la chaleur de la main le fait crisper. Le texte en est écrit sur deux colonnes, de trente-six lignes la page pleine. Les initiales sont peintes en rouge et bleu, et

(1) *Extrait des procès-verbaux de la Commission royale d'histoire.* Bruxelles, 1834, in-8. Ier vol. p. 60. Nous ajouterons que la bibliothèque de Douai possède aussi son *Floridus Liber*, copie faite au XVe siècle des parties historiques du *Liber Floridus* de St. Bavon.

les capitales, ornées de petites miniatures d'une délicatesse extrême. Le volume compte 559 feuillets dont les 468 premiers sont chiffrés au *verso*, par une main du temps.

Ce chef-d'œuvre de patience et de calligraphie, dont il serait difficile, à cause de l'exiguïté du caractère gothique, de lire une page sans se reposer la vue, provient de l'abbaye de St. Pierre-lez-Gand, où il a probablement été écrit.

6. Cronica Gandensis cœnobii, in-folio.

Manuscrit sur vélin, écriture du XIVe siècle, et continué, de 1341, 1345 et de 1349-1350. Il est placé à la suite d'un autre manuscrit également sur vélin. Cette chronique a été publiée d'après ce manuscrit par Perth, en 1828, dans le second volume de ses *Monumenta Germaniæ Historica*, p. 185-191.

7. Livre d'heures, en latin et en français. Grand in-8.

Magnifique manuscrit sur vélin, du XVe siècle, de 108 feuillets de texte ou miniatures.

Ce manuscrit, l'un des plus précieux que l'on connaisse en ce genre, a été exécuté par les miniaturistes les plus habiles, probablement pour l'une des *librairies* de la cour de Bourgogne. On y compte quarante six grandes miniatures (y compris les vingt-quatre du calendrier), vingt-deux petites et un nombre infini de lettres *ystoriées* et rehaussées d'or. Ce qu'on n'y admire pas moins, c'est la richesse des bordures de chaque page et qui sont toutes différentes. Dans ces bordures, du verso du folio 14 au verso du folio 16, six petites autres miniatures représentent la Passion.

Au milieu du XVIe siècle, ces heures ont appartenu à un amateur célèbre, Alexandre Petau, fils de Pierre, conseiller au Parlement de Paris, et qui y a fait ajouter ses armoiries dans la miniature du mois de mai. Il appartenait en dernier lieu à la bibliothèque de l'abbaye de St. Pierre, à Gand.

Nous donnons à la tête de notre notice une gravure au trait, par M. Ch. Onghena, d'une des miniatures de ce manuscrit, aussi remarquable par la composition que par le coloris.

8. Plutarchi historiographi greci liber de viris clarissimis e greco sermone in latinum diversis plurimorum interpretationibus virorum illustrium translatus. Grand in-folio, première reliure, recouverte en soie et à coins de cuivre.

Ce manuscrit sur vélin, est l'un des plus beaux qu'ait fait exécuter, à Gand, à la fin du XVe siècle, le célèbre Raphaël de Marcatelle, abbé de St. Bavon, évêque de Roses, et l'un des nombreux fils naturels de Philippe-le-Bon, si connu également par son amour pour les lettres. Il se compose de 248 feuillets, d'une batarde moyenne, et au nombre de 39 lignes, les pages pleines. Il compte quinze grandes miniatures remarquables par leur naiveté et le soin avec lequel elles ont été exécutées par l'artiste, dont le nom nous est resté inconnu. Tous les héros de la Grèce et de Rome y sont revêtus du costume flamand de la brillante cour de Bourgogne. Chacune des miniatures représente ordinairement trois épisodes de la vie du héros auquel elle est consacrée: en voici l'indication sommaire :

1° Thésée, son départ. — Il tue dans la forêt le fameux voleur Périphêtes. — Son retour auprès de son père, par lequel il se fait reconnaître.

2° Romulus et Rémus sont allaités par la louve. — Fondation de Rome. — Rémus est tué par Romulus.

3° Lycurgue fait jurer par les Lacédémoniens l'observation de ses lois.

4° Numa Pompilius rendant la justice.

5° Solon, entrevue des sept sages de la Grèce.

6° Publicola, son respect pour la majesté souveraine du peuple. — Travaux et dédicace du temple de Jupiter Capitolin.

7° Alcibiade, son entrevue avec le roi de Perse. — Il est couché avec sa concubine Timandra, dans une maison d'un bourg de la Phrygie, à laquelle les ennemis mettent le feu. — Il veut se sauver et tombe percé de flèches. — Timandra et deux autres femmes l'ensevelissent.

8° Coriolan fléchi par sa mère et les dames romaines. — Son armée lève le siège de Rome. — Il meurt assassiné par les satellites de Tullus.

9° Thémistocle, son entrevue avec le roi de Perse. — Il s'empoisonne pour ne pas servir contre sa patrie.

10° Camille, siège de Rome par les Gaulois : Camille chasse Brennus.

11° Périclès, Agariste sa mère rêve qu'elle enfante un lion et peu de jours après accouche de Périclès. — Celui-ci se rend maître de la ville des Samiens, après un blocus de neuf mois.

12° Fabius Maximus prend sur Annibal la ville de Tarente.

13° Caton l'ancien, son histoire en sept tableaux.

14° Marcus : Il prend Syracuse. — Son entrée triomphale à Rome. — Il est tué dans une embuscade.

15° Annibal. Victoire de Cannes. — Défaite de Zama. — Son entrevue avec Prusias. — Il s'empoisonne.

9. Monotesseron seu unum ex quatuor sive concordia Evangeliorum venerabilis doctoris magistri Johannis de Gerson. 2 vol, in-fol. Max. reliure antique à bossettes en cuivre.

Sur vélin, exécuté par les ordres de Raphaël de Marcatelle, comme l'indiquent les armoiries de ce prélat, peintes au bas du titre de chacun des volumes, qui sont ornés de cent trente quatre très-grandes miniatures d'une belle conservation. Le premier compte 346 feuillets et le second 209.

Flores musicæ artis, per Hugonem sacerdotem Kentlingensem, magistrum Joannem de Muris, Guidonem (d'Arezzo), Egidium Carlerium et Joannem Tinctorem. Grand in-fol.

Manuscrit sur vélin, à deux colonnes, et contenant 206 feuillets. Ce magnifique manuscrit, l'un des plus précieux que possède notre bibliothèque, est orné de majuscules rehaussées d'or et de riches bordures. Parmi les traités inédits qu'il contient, nous appelons principalement l'attention sur le suivant : *Ars discantus et argumenta musicæ per magistrum Joannem de Muris, cum aliquibus conclusionibus de perfectione et imperfectione figurarum*, folio 34 à 49 verso. On sait que ce maître florissait vers 1330. La souscription qu'on lit au folio 206 recto, nous apprend que la transcription de ces traités a été terminée en 1504, à Gand, par un calligraphe nommé Marc Antoine d'Ackerghem : *Explicitus est liber scriptus Gandavi per me M. Anthonium de Aggere sancti Martini. Anno domini* M. V° IIII. *prima die aprilis*. Ce manuscrit avait probablement été commandé par Raphaël de Marcatelle.

Un de nos jeunes compositeurs les plus instruits, M. Léon de Burbure, de Termonde, dont la musique a souvent recueilli les plus brillants suffrages, s'occupe à mettre au jour les traités inédits que contient ce volume.

11. Platonis opera, cum Marsilii Ficini argumentis, in-fol. maximo, reliure en velours rouge, avec bosettes et coins en cuivre doré.

Sur magnifique vélin, de 554 pages, à deux colonnes, avec lettres majuscules et bordures en miniatures et rehaussées d'or. Au bas du titre, les armoiries de Raphaël de Marcatelle, nous indiquent que ce manuscrit a été exécuté vers la fin du XV° siècle, par les ordres de ce savant et généreux prélat, qui aimait tant les beaux et bons livres.

12. Le Coran, en Arabe. Grand in-folio, reliure orientale.

Manuscrit de la fin du XVII° siècle, magnifique exemplaire royal, comme il parait par le mot *mâlichi*, qui se trouve dans le demi-cercle à droite du premier tableau et qui signifie : *appartenant au roi*.

De 292 feuillets ou 484 pages, entourées chacune d'un cadre en or et d'autres ornements également en or. Les feuillets 2 verso et 3 recto, 139 verso et 140 recto, 290 verso et 291 recto sont couverts d'ornements enluminés et rehaussés d'or.

Au milieu du tableau, à gauche, peint à l'avant dernier feuillet, on lit cette belle pensée, dont nous devons la traduction à l'obligeance d'un savant orientaliste, notre concitoyen, M. Léopold van Alstein :

« Au nom du Dieu clément et miséricordieux, dis : Je prendrai mon refuge dans le seigneur des hommes, le roi des hommes, le Dieu puissant (protecteur) des hommes, contre la mauvaise inspiration du démon; c'est lui qui par les Génies (les Anges) inspire le cœur des hommes. »

Ce curieux Ms., dont les gardes sont en papier de palmier, afin de protéger le texte contre toute humidité, a été envoyé en 1826, pour l'université de Gand, au duc Bernard de Saxe-Weymar, par le général Van Geen, de Gand, alors commandant dans l'île de Java, en qualité de Lieutenant-Général.

INCUNABLES.

1. Augustinus de vita Christiana. — Idem, de singularitate Clericorum. Coloniæ. Ulric. Zell de Hanau, 1467. in-4, avec plusieurs autres opuscules de la même époque.

Ces deux traités sont très-rares, de cette édition, et ont été vendus 850 francs. Voyez pour le premier, Panzer, I, 326, N° 381, et pour le second, le même Panzer, I, 274, N° 1, et Lavallière, I, pag. 173, N° 475.

2. Biblia sacra latina, sans lieu, ni date ou nom d'imprimeur, mais sortie des presses de Mentelle, à Strasbourg, avant 1470, 2 vol. in-fol. avec lettres capitales en miniatures rehaussées d'or.

Voyez de La Serna, dictionn. bibliogr. N° 262, et Brunet, édition de 1820, I, 198, 3°. Vendue chez Crévenna 115 florins.

3. Cornelius Tacitus, in-folio, imprimé, vers 1470, à Vénise, par Vendelin, frère de Jean, de Spire, premier imprimeur de Venise.

Edition princeps ne renfermant que les six derniers livres des Annales, et les cinq premiers des Histoires. Les cinq autres premiers livres des Annales n'étaient pas encore découverts, et ne furent imprimés, pour la première fois, qu'en 1515, à Rome.

Cette édition, la première dans laquelle on ait fait usage de réclames, fut vendue chez Gaignat, 670 francs, chez la Vallière, 740, et chez Crévenna 380 florins de Hollande.

Dans le même volume, qui provient de la bibliothèque de l'abbaye de St. Pierre, à Gand, et fut acquis par le célèbre Antoine de Marcatelle, que nous avons déjà cité à cause de son amour pour les beaux et bons livres, on trouve :

Thucydidis Atheniensis historici gravissimi historiarum Peloponnensium libri octo. in-folio.

Première édition de cette version, imprimée avant 1500.

4. Biblia latina, Moguntiæ, Petrus Schoiffer de Gernsthem, 1472, gr. in-folio.

On y lit à la fin cette curieuse et intéressante souscription, aux abréviations de laquelle nous suppléons :

Presens hoc opus præclarissimum Alma in urbe Moguntina, inclite nationis germaniæ, quam dei clementia tam alti ingenii lumine donoque gratuito cœteris terrarum nationibus præferre illustrareque dignata est, artificiosa quadam adinventione imprimendi seu caracterizandi absque ulla calami exaratione sic effigiatum et ad eusebiam dei industrie consummatum per Petrum Schoiffer de Gernsthem. Anno dominice incarnationis millessimo quadringentesimo septuagesimo secundo, in vigilia mathie apostoli.

5. Liber ruralium commodorum a Petro de Crescentiis cive Bononiensi ad honorem Dei omnipotentis en serenis-

simi regis Karoli compilatus. Lovanii, Johannes de Westphalia, (1474), in-fol. à 2 colonnes et à 42 lignes.

Première édition, à laquelle l'imprimeur ait mis son nom.

6. Joannes de Platea, institutiones seu elementa domini Justiniani. Lovanii, Joannes de Paderborne in Westphalie, 1475, in-folio à 2 colonnes et de 48 lignes.

Edition fort rare et qui est encore consultée avec fruit par les savants.

7. Gnotosolitos sive speculum conscientiæ, auctore Arnoldo Gheyloven, de Hollandia de Rotterdam. Bruxellis (Apud Fratres vitæ Communis), 1476, in-fol.

Ce traité de Théologie morale et canonique, imprimé alors pour la première fois, est en même temps le premier ouvrage typographique exécuté dans la ville de Bruxelles. Il sort des presses des Frères de la vie Commune, utile communauté religieuse dont un des statuts ordonnait la transcription des manuscrits. Après l'invention de l'imprimerie, ces religieux s'occupèrent avec zèle à répandre dans les Pays-Bas cette merveilleuse découverte.

On trouve dans *De la Serna, Dict. bibliogr.* II, 435-438, la description de ce livre précieux dont les exemplaires sont excessivement rares. Celui-ci est de la plus admirable conservation.

8. Bible mit horen boecken. Delft in Hollant, Jacob Jacobs-soen ende Mauricius Yemants-soen, 1477. in-fol. a 2 colonnes, et de 38 lignes, la page pleine. 1er vol.

Première édition de la bible en flamand.

9. La somme rurale, par Jean Boutillier. Bruges, Colard Mansion, 1479, grand in-folio.

Voyez la description de ce volume dans l'excellente *Notice sur Colard Mansion*, par Van Praet. Paris, 1829, in-8, pages 38-40. Van Praet ne connaissait que trois exemplaires de cette édition : celui de la bibliothèque royale de Paris, magnifique exemplaire, vendu chez Ermens, à Bruxelles, 60 fr. ; celui de la bibliothèque de Bruges, donné par M. Van Praet lui-même à sa ville natale, et celui de Le Candèle, vendu en 1838, 440 francs à la vente de ce dernier, à Bruxelles, et acquis par M. François Vergauwen, de Gand, membre de la chambre des représentants. Notre exemplaire est donc le quatrième connu jusqu'ici.

Cette édition, dont on avait ignoré l'existence pendant long-temps, est la première de cet ancien droit français.

Nous relèverons en passant quelques-unes des erreurs dont tous les bibliographes ont farci l'article de Jean Bouteillier. Il naquit à Mortagne, aujourd'hui dépendance de la commune de Forest, de l'arrondissement et à 3 lieues 3/4 de Tournai : il était donc Belge. Sa famille était illustre depuis long-temps dans l'Artois, et, parmi ses ancêtres, on compte un noble faiseur de chansons du XIIIe siècle, *Colars le Bouthillier*. Son testament, daté du 16 Septembre 1393, prouve qu'il était de bonne maison et conseiller du roi à Tournai. Il fut, d'après ses desirs, enterré dans l'église de St.-Brice, de cette ville. Selon La Croix du Maine, il aurait commencé à écrire sa fameuse *somme rurale* le 13e jour de l'an 1460 : c'est une erreur de près d'un siècle.

Voyez pour les détails *Lambinet*, *Van Praet*, déjà cité, et surtout *M. P. Paris*, *manuscrits français de la bibliothèque royale*, Paris, 1837, II, 187-191.

10. Les quatre novissimes, ou les quatre choses dernières auxquelles la nature humaine doit toujours penser, traduit de latin (de Denys de Leeuwis ou de Rickel, le chartreux) en vers et en prose (par Thomas le Roy, bénédictin de St. Martin de Tournay). Audenaerde, sans nom d'imprimeur (Arnaud Lempereur) et sans date (vers 1480), in-4 avec figures.

Livre, indépendamment de sa grande rareté, très-remarquable sous le rapport de l'intérêt littéraire et de ses planches en bois. Voyez en la description dans le *Manuel* de Brunet, édition de 1820, III, 177, et dans Du Puy de Montbrun, *Recherches bibliographiques sur quelques impressions néerlandaises du XVe et du XVIe siècles*. Leide, 1836, in-8, page 5 et 6.

11. Rethorica (sic) divina Guillermi parisiensis. Gandavi per Arnoldum Cæsaris, 1483. Petit in-4.

Ce livre est à juste titre regardé comme la première impression gantoise. Bien qu'il soit fort rare, on en compte cinq autres exemplaires à Gand, ceux de feu MM. Lammens et Van Hulthem (celui-ci maintenant à la bibliothèque royale, de Bruxelles) : les trois autres sont dans les riches collections de M. Borluut de Nortdonck (exemplaire Van de Velde) de M. F. Vergauwen (exemplaire double de la bibliothèque de l'université) et de M. Ch. Pieters (exemplaire Le Candèle, cité par Lambinet). La bibliothèque royale de Paris en possède aussi un exemplaire.

12. Summa angelica de casibus conscientiæ, per fratrem Angelum de Clavasio, ordinis Minorum vicarium generalem Cismontanorum fratrum observantiæ compilata. Impressa Alosti, per Theodoricum Martini. Anno 1490, in-fol.

C'est une des impressions les plus considérables de l'introducteur de l'art typographique en Belgique, et dont on ne connait que cinq exemplaires.

La bibliothèque de l'université de Gand est entretenue aux frais du gouvernement : les batiments le sont par la ville.

Son personnel se compose ainsi que suit :

Un bibliothécaire ; un sous-bibliothécaire, logé dans le local ; un aide-bibliothécaire ; un garçon de salle.

Pour achats de livres et reliure 10,000 francs par an,

depuis les années 1836, 1837 en 1838 : antérieurement, sauf quelques subsides extraordinaires, sa dotation annuelle etait de 4,400 francs. Pendant l'espace de vingt ans, depuis 1818 jusqu'en 1838, elle a acquis, aux frais du gouvernement, pour 188,000 francs de livres : sa valeur totale actuelle peut être évaluée à un demi-million de francs. Depuis la réorganisation de l'université, elle s'accroit annuellement de 1800 à 2000 volumes, presque tous ouvrages les plus modernes; elle emploie par an aux reliures une somme de 800 à 1000 francs.

Elle est surtout riche en grandes collections qu'on regarde à juste titre comme le fondement de toute bibliothèque publique : elle possède toutes les publications académiques les plus importantes de l'Europe, et soixante-huit journaux scientifiques et littéraires, en français, allemand, anglais, etc., etc.

Elle est ouverte tous les jours au public, excepté pendant les vacances, les dimanches et les fêtes, l'espace de cinq heures, dont trois le matin et deux l'après-midi. Depuis le mois d'Octobre 1837, elle est administrée d'après un réglement spécial. Les professeurs de l'université ont seuls le droit d'emprunter des ouvrages à ce dépôt : mais la même faveur, sur l'autorisation de M. l'Administrateur-Inspecteur, est accordée aux personnes notables de la ville : le nombre des volumes imprimés, prêtés à domicile, pendant l'année 1837, s'est élevé à plus de 4000; quant aux manuscrits, ils ne peuvent sortir de l'établissement, sans une autorisation spéciale du ministre de l'intérieur. Le chiffre moyen des lecteurs y est d'une quinzaine par jour, et ce nombre serait plus fort, si la situation de ce dépôt littéraire et scientifique était moins excentrique.

Le gouvernement Belge envoie à la bibliothèque un exemplaire de toutes les publications qu'il fait à ses frais et de toutes celles auxquelles il souscrit. Le gouvernement anglais lui a accordé en 1834 un exemplaire de la magnifique collection des *records*, composée de plus de 70 volumes in-folio, et elle a reçu en cadeau, en 1838, de la société biblique de Londres, la collection des traductions des Saintes Ecritures, en quatre vingt treize langues, et formant 118 volumes in-4 et in-8, dont vingt-sept en mantchoux et en chinois, imprimés sur papier de chine. De son coté, le gouvernement francais vient de lui envoyer en présent la collection des *Mémoires inédits sur l'Histoire de France*, grande et utile publication commencée par M. Guizot et continué par son successeur, M. de Salvandy.

En acquittant une dette de gratitude envers les gouvernements, bienfaiteurs de notre bibliothèque, nous sommes forcés de nous faire l'interprête de la reconnaissance publique, envers un haut fonctionnaire que sa modestie ne nous permettrait pas de nommer, et qui, entre autres grandes publications utiles et nécessaires qui manquaient à la ville de Gand, nous a donné le *Moniteur Français*, complet jusqu'à ce jour, en 103 volumes in-folio.

Depuis un an, nous avons commencé à réunir les collections de tous les journaux quotidiens qui paraissent à Gand, et les propriétaires de la *Gazette van Gend*, du *Messager de Gand*, du *Constitutionnel des Flandres*, et du *Gendsche Mercurius*, nous font cadeau d'un exemplaire de leurs feuilles. Plusieurs typographes de notre ville, sachant que nous tachons de rassembler toutes les impressions sorties des presses gantoises, se sont fait aussi un plaisir et un devoir de seconder nos efforts, en nous adressant aussi un exemplaire de tous ceux qu'ils impriment. Si cette collection pouvait se compléter, depuis de l'introduction de l'imprimerie en nos murs jusqu'à ce jour, ce serait la meilleure histoire des diverses périodes du développement intellectuel ou de la marche rétrograde de notre grande cité.

SUR ARNAUD ET PIERRE DE KEYSER,

PREMIERS IMPRIMEURS DE GAND.

Thierry Martens, d'Alost, eut la gloire d'importer dans la Belgique la découverte de l'imprimerie, et le premier livre qu'il mit au jour par l'admirable et ingénieux procédé, inventé par Guttenberg, de Mayence, fut le *Speculum conversionis peccatorum*, Alost, 1473, in-4. L'imprimerie ne fut introduite à Gand que dix ans plus tard, après avoir pris date d'antériorité dans les autres principales villes du Brabant et de la Flandre, moins puissantes, moins riches que la capitale de ce dernier comté. En effet, après Martens, Jean de Westphalie imprime à Louvain, son *Liber ruralium Commodorum*, en 1474; à Bruges, Colard Mansion, donne son *œuvre de Boccace, du Déchiet des nobles hommes et femmes,* en 1476 : la même année, les Frères de la vie Commune font paraître à Bruxelles, leur *Speculum conscientiæ,* gros in-fol. La même année encore Martens publie à Anvers le *Thesaurus pauperum*. A Audenaerde, Arnaud de Keyser donne ses *Sermones L Hermanni de Petra,* in-fol., en 1480. Enfin, en 1483, le même Arnaud de Keyser, d'Audenaerde, imprime à Gand, sa *Rhetorica divina*, in-4.

Nous avons voulu rechercher la cause pour laquelle la ville de Gand, fut dix ans avant de voir exercer dans son sein l'art ingénieux popularisé en Belgique par Martens, et nous la trouvons dans les dissentions et les guerres continuelles qui l'agitaient alors, et dont fut une des premières causes l'artificieux Louis XI, qui convoitait le riche héritage de Charles-le-Téméraire. Tout le monde sait qu'un des épisodes les plus dramatiques de cette époque fut, en 1477, l'exécution à mort de Hugonet et d'Imbercourt, ministres de Marie de Bourgogne, convaincus d'avoir trahi le pays.

On conçoit qu'une série d'événements aussi graves dût retarder la propagation à Gand des arts paisibles de la paix, et par conséquent l'introduction de la typographie.

On ignore jusqu'à présent quel fut le lieu de naissance d'Arnaud de Keyser. Les recherches auxquelles se sont livrés à Audenaerde quelques amis des lettres, tels que MM. de Rentere, Vander Meersch et Jules Ketele, n'ont abouti qu'à prouver une seul chose, c'est que De Keyser n'était pas né à Audenaerde, et qu'il n'était pas même bourgeois de cette ville; car son nom ne se trouve indiqué sur aucun des registres de la *Poorterye* ou bourgeoisie de cette commune. Son nom, si généralement répandu chez nous, indique peut-être qu'il était flamand. Ne pourrait-il pas être soit le fils, soit le frère de ce Pierre de Keyser (*Petrus Cæsaris*), qui imprima à Paris, de 1473 à 1484, fut licencié en beaux arts et connu par son habilité dans l'art typographique (1)? Qu'on veuille bien remarquer en passant que le premier ouvrage imprimé par Arnaud de

(1) Guidonis de Monte Rocherii manipulus Curatorum. — Qui completus est Parisiis per venerabilem virum Petrum Cæsaris et artibus magistrum ac hujus artis industriosum opificem. Anno M. CCCC. L. XXIII. in-fol. char. Goth. à 2 colonnes (voyez Panzer, II, 274. No 19).

Pragmatica sanctio Caroli (VII) Francorum regis. Parisiis (Petrus Cæsaris) 1484, petit in-4. *Ibid.*

Keyser, à Audenaerde, est un ouvrage flamand, et que son fils porte le prénom de Pierre, qui a bien pu lui être donné, comme c'en est encore la coutume de nos jours, parce que c'était celui, soit de son grand-père, soit de son oncle. Ce sont là, nous dira-t-on, des suppositions bien hasardées : nous l'avouons, et nous ne les avons faites que dans le but d'exciter à des recherches qui pourraient amener à éclaircir cette époque de l'histoire de notre imprimerie.

Si nous en croyons Chevillier (1), Pierre de Keyser était Allemand, de même que son associé Jean Stol, ce que du reste il ne prouve aucunement; il s'instruisit dans l'art typographique chez Ulric Gering, le plus ancien imprimeur de Paris, et établit seul, dans la capitale de la France, la seconde imprimerie, en l'an 1473 : car ce fut seulement l'année suivante qu'il s'adjoignit Jean Stol. Il habita rue St. Jacques, près des Jacobins, à l'enseigne du Soufflet Vert *in vico sancti Jacobi in intersigno follis viridis*. De Keyser et Stol ayant fait un grand nombre d'impressions sans nom d'imprimeur, on les distingue par cette marque d'avec celles de Gering, qui logeait dans la même rue au *Soleil d'Or*. De La Serna nous dit (2) qu'on ignore le temps de la mort de Pierre de Keyser : mais Chevillier nous apprend que ce célèbre imprimeur demeurait encore à la fin de sa vie, dans la même rue de St. Jacques, à l'enseigne du *Cygne et du Soldat*, vis-à-vis la petite rue Frementelle. Les docteurs de Sorbonne, à qui cette maison appartenait, lui en avaient fait en 1486 un bail à vie, et il la tint jusqu'en 1509, comme le

(1) *Origine de l'imprimerie de Paris*. Paris, 1694, in-4. pag. 55 et suivantes.

(2) *Diction. Bibliographique*. Bruxelles, 1805, Ier vol. pag. 228.

prouvent les registres des procureurs de cette compagnie.

Arend ou Arnold de Keysere ou de Keyser, Arnaud Lempereur ou Arnoldus Cæsaris, (car cet artiste a francisé et latinisé son nom, suivant la mode de son temps) étant le premier imprimeur de Gand, nous croyons devoir, dans un livre de la nature de celui-ci, indiquer la liste des ouvrages qu'il a publiés, soit à Audenarde, soit à Gand.

1° Dijstorie van Saladine. A la fin, Taudenaerde ghe-prendt, sans nom de l'imprimeur (Arend de Keysere,) et sans date, (vers 1480) in-4.

Ce livre si curieux sous le rapport littéraire et dont on ne connait qu'un seul exemplaire, celui de J. Koning et qui a passé maintenant dans la bibliothèque de la ville de Harlem, commence en ces termes :

Edele herten ghy blijde gheesten
Ghy constighe minnaers van ystorie
Ledt op de navolghen scone ieesten
Die u sal bringhen ter memorie
Van auonture ende van victorie
Van minnen van edele gheweerken
Het is een tijdcurtinghe vul van glorien
Op voorledene saken meerken.

Le poème finit par ces quatre vers au recto du trentième et dernier feuillet.

Hyer hendt dystorie van Saladine
Int curte ghecopuleert van nijen
Luste dede my bestaan de pine
Ende dedelheyt vanden payen (1).

2° Hermanni de Petra, Ord. Carthus. sermones L super orationem dominicam. A la fin : Pressum Aldenardi per

(1) Voyez sur ce poème : J. F. Willems, Verhandeling over de nederduysche tael- en letterkunde (Antw., 1819, gr. in-8), deel II, blz. 144 en 145.

me Arnoldum Cæsaris meosque sodales dominicæ incarnationis supra M[um] CCCC[um], Anno LXXX°. Unde ferant laudes cuncta creata deo. in-folio.

De 135 feuillets, à deux colonnes, y compris 7 feuillets de tables en tête du volume et commençant par ces mots : In sequenti opusculo inaudita ac melliflua expositio, etc.

Après la souscription, au recto du feuillet 135, suivent douze vers placés à coté du fleuron d'Arnaud de Keyser : en voici les deux derniers :

Arnoldi manibus faveat deus arbiter equus
E quibus effluxit utilis iste liber.

Nous donnons la description de ce rare volume et sa véritable souscription d'après l'exemplaire de M. le professeur Serrure, à Gand. Il s'en est trouvé à la vente de Vande Velde un autre exemplaire qui est maintenant en Angleterre (1).

3° De quatuor novissimis ou les quatre choses dernières auxquelles la nature humaine doit toujours penser ; traduit du latin (de Denys de Leeuwis ou de Rickel, le Chartreux) en vers et en prose (par Thomas le Roy, bénédictin de St. Martin de Tournay). Audenarde sans nom d'imprimeur (Arnaud Lempereur), et sans date (vers l'an 1480), petit in-4. avec figures.

De 149 feuillets, signatures a2 — t3, avec quatre planches taillées en bois.

La première représente la Mort, armée de sa faux et moissonnant les hommes.

La seconde, le Jugement dernier.

La troisième, l'Enfer.

La quatrième, le Paradis.

(1) Catalogue des livres de la bibliothèque de feu M. le professeur et docteur J. J. Vande Velde. Gand, 1831, N° 4533.

Ces planches, quoique mal exécutées, ont un style de grandeur qu'on ne trouve pas dans bien des compositions plus modernes.

Les deux premiers feuillets sont occupés par la préface du traducteur et la table; en voici le commencement :

Saint-Jeromme desirant le salu de ung cescun. Semper aliquid boni facito ut dyabolus te occupatum inveniat.

Le livre se termine au recto du feuillet 149, par l'acrostiche suivant qui donne le nom du traducteur :

Toy qui ricesse, en ce monde obtenir
Honneur, tresor, desires et avoir
Moy, que en ta fin te fault par mort venir
Memoire, en coer, doibs bien dicelle auoir
Aussi penser lextreme jugement
Soubs quel seras iugie reallement
Les griefs tourmens que pecheurs souffriront
Es bas enfers, que dyables leur feront
Ramembre aussi, de paradis la gloire
Ou seront mis ceulx qui bien fait auront
Y bien penser, fait tous vices excloire.

Suivent ces deux derniers vers :

Priiez pour l'impresseur de ce livre excellent,
A Audenaerde impresse pour instruire toute gent.

La page se termine par le fleuron de de Keyser.

Voyez une description très-detaillée de ce livre précieux dans le Brunet, Manuel, édition de 1820, II, 177. Notre bibliothèque est la seule à Gand, à ce que nous sachions, qui en possède un exemplaire.

La fin des troubles de la ville de Gand ayant permis à de Keyser de transporter ses presses d'Audenarde à Gand, où il devait trouver un théâtre plus vaste pour l'exercice de son art, il y imprima successivement les cinq ouvrages suivants :

4° Guillermi Parisiensis Episcopi rethorica (*sic*) divina. A la fin : Explicit rhetorica divina doctoris uncti et ungentis magistri Guillermi Parisiensis de sacra et sanctificativa oratione aliquiter abbreviata. Impressa Gandavi per me Arnoldum Cæsaris. Anno D[ni] M. CCCC. LXXXIII. XI°. Kal, sept. in-4, à longues lignes, contenant en tout 129 feuillets et 52 chapitres; on y voit le point en étoile, les virgules et les traits d'union en ligne oblique : les signatures finissent q, 5.

Mattaire, Marchand, Visser et tous les bibliographes les plus instruits annoncent que cet ouvrage est le premier livre imprimé à Gand, et ils ont raison. Quant à l'abbé Lambinet(1), avec ce ton tranchant qui convient moins encore à un bibliographe qu'à tout autre, il nous dit : « Je suis fondé à croire qu'ils se trompent, parce que Arnout lui-même commence la dédicace de son livre par ces mots : *Arnoldus Cœsaris librorum utiliorum qualiscumque promulgator*, etc. *Donc*, ajoute-t-il, *il avait déjà imprimé d'autres livres avant celui-ci.* » Assurément il en avait imprimé d'autres, dont nous venons de donner les titres : mais c'était à Audenarde et non point à Gand. Ainsi donc la *Rhetorica divina* est toujours le premier livre connu sorti des presses gantoises. L'erreur de Lambinet provient de ce que, sur la foi de Mattaire et de Valère André, il attribue à un *Jean* l'Empereur (*Johannem Cœsaris*), qui n'a jamais existé, les *Sermones L Hermanni de Petra* cités plus haut. La méprise de Valère André et de Mattaire a trompé leurs successeurs : P. Marchand, F. G. Freytag, J. Visser, G. W. Panzer, J. Jansen, J. N. Paquot, L. Haen, Lambinet, G. Peignot et autres. Debure, dans son catalogue de La Vallière, N° 590, La Serna et après lui M. Delpierre(2), sont les seuls qui restituent ce livre à *Arnoldus Cœsaris*.

M. Du Puy de Montbrun, dans ses excellentes et conscien-

(1) Origine de l'imprimerie, Paris, 1810, in-8, I, 303.

(2) Aperçu historique et raisonné des découvertes, inventions, innovations et perfectionnements en Belgique, dans les sciences, les arts, l'industrie, etc., depuis les Romains, par Octave Delpierre. Bruges, 1836, in-8, page 176.

cieuses *Recherches*, a complètement rétabli la vérité sur ce point intéressant de notre histoire de l'imprimerie.

5° Dyalogus super libertate ecclesiastica inter Hugonem decanum et Oliuerium burgimagistrum et Cathonem secretarium interlocutores thenen. — Canones penitentiales per episcopum civitatensem ex corpore juris collecti. — Item tractatus de defectibus occurrentibus in missa. — Item breviloquium sancti Thome de Aquino ordinis fratrum predicatorum. — Item summa Joannis Andree doctoris eximii de sponsalibus et matrimonio. — Tractatus magistri Joannis Gerson de symonia. — Ejusdem tractatus de probatione spirituum. — Item tractatus ejusdem valde utilis de eruditione confessorum. in-4. Sans indication de lieu ou de nom d'imprimeur (Arnoldus Cæsaris), sans date (vers 1483).

Cette impression d'Arnaud de Keyser, que nous n'avons vu indiquer par aucun bibliographe, contient 91 feuillets sans chiffres ni réclames, mais avec signatures suivies depuis a2 jusqu'à m2 : elle est complètement semblable pour le caractère, le papier et la justification, à la *Rhetorica divina* du même typographe, à la suite de laquelle elle se trouve placée dans l'exemplaire de la bibliothèque de l'université de Gand.

6° Vyf bouken Boecij de consolatione philosophie. A la fin : Gheprint te Gend by Arend de Keysere den derden dach in Mei 1485. Grand in-folio.

De 343 feuillets, à deux colonnes, non compris 10 feuillets de table qui, dans l'exemplaire de la bibliothèque, sont placés à la fin du volume. La souscription se trouve à la seconde colonne du verso du dernier feuillet : elle est ainsi conçue :

Hier endt dat weerdich bouck, boetius de consolatione philosophie, ten trooste leeringhe ende confoorte aller menschen. Gheprindt te Ghendt by my Arend de Keysere den derden dach in Mey int iaer ons heeren duust vierhondert vier ende tachtentich. Deo Gracias.

Terminé par l'écusson de de Keyser.

Les indications des trois impressions suivantes d'Arnaud de Keyser, qui appartiennent à la bibliothèque de la ville de Bruxelles, nous ont été fournies par M. François Vergauwen, membre de la Chambre des Représentants, bibliophile gantois, qui possède lui-même une collection d'incunables, tous imprimés dans les Pays-Bas, collection déjà au nombre de près de 400 volumes, plus intéressante et plus nombreuse que n'en ont jamais possédé feu MM. van Hulthem et Lammens. M. Vergauwen ayant fait une étude toute spéciale des incunables de notre pays, nous ne balançons pas à ajouter toute confiance à ses recherches bibliographiques et à donner aux presses d'Arnaud de Keyser les impressions anonymes qui suivent :

7° Francisci Petrarchæ poete laureati rerum memorandarum liber primus incipit feliciter.

Ce traité se termine au verso de la signature y 3. Au recto suivant on lit :

Liber Haymo de Xrianarum (christianarum) rerum memoria. Prologus.

Ce traité finit au verso de la sign. dd. 2: suivent 4 ff. de table et la souscription :

In hoc finis tabulæ Haymonis de Xristianarum rerum memoria cujus materia ex prologo vel ex taccis per libelli finem latius si libet cognosces.

In-4 à longues lignes, dont 29 dans les pages entières, sans chiffres ni réclames, avec les signatures a. 2. — dd. 3. En tout semblable à la *Rhetorica divina* d'Arnaud de Keyser.

8° Leonardi Aretini epistolæ familiares. Souscription :

Finit (sign. t iiii) liber nonus epistolarum familiarium

Leonardi Aretini viri sui temporis sine contradictione doctissimi et poete laureati.

On trouve au recto du dernier feuillet l'epitaphe de l'Aretin, en 16 vers latins.

In-4 à longues lignes, dont 29 dans les pages pleines, sans chiffres ni réclames, mais avec signatures a. i.— TS. Caractère d'Arnaud de Keyser. En tout semblable à la *Rhetorica divina* et aux *Quatre novissimes*. Sans lieu, ni date, ou nom d'imprimeur.

9° Domini Mancini de passione Domini nostri Jesu-Christi liber incipit.

Ce traité se termine au verso du 24 f. par le mot τέλος, sans aucune souscription.

In-4 à longues lignes, dont 25 aux pages entières, sans chiffres ni réclames, avec les sign. a.iii—d.iiii. Caractère romain. On voit au titre une petite gravure figurant la présentation de J.-C. au temple. Caractères d'Arnaud de Keyser.

De 1488 à 1516, ou plutôt jusqu'à 1513, car nous croyons pouvoir regarder comme imprimée chez P. de Keyser, la Vie de St. Liévin, in-4. indiquée plus bas, sous le N° 10, nous ne connaissons plus d'impression qui porte le nom de notre premier typographe ou de son fils. Nous avions toujours pensé qu'il était impossible que les presses gantoises n'eussent rien produit pendant l'espace de vingt-trois ans. En effet, nous avons trouvé dans la bibliothèque de Gand (Catalogue imprimé de Jurisprudence, page 99, N° 1349) l'ouvrage suivant : la découverte de ce volume doit nous faire supposer que d'autres ouvrages plus ou moins importants, ont du voir le jour chez nous à la même époque :

Lambertus de Ramponibus super .ff. veteri (cujus scriptoris rara est copia) profundissime scientie doctor Hujus rei Johannes Andree testis est sup. cap. si pater de testa. in Novella. li. VI. Qui per ceteros etiam doctores probatissimos scribentes super jure tam civili quam canonico non parum commendantur. nec immerito. Est enim interpretando subtilis. distinguendo clarus et resolvendo securus. Quamobrem ab optimo quoque et studiosissimo amplectendus.

Cum gratia et privilegio.

Après ce feuillet viennent trois autres feuillets de table, imprimés sur deux colonnes : suivent LIX ff. de texte, chiffrés au recto seulement, et également sur deux colonnes.

A la fin on lit cette intéressante et curieuse souscription :

Opus impressum Gandavi Anno D[ni] M. CCCCC. XIII. XI Septembris industria et labore Simonis Cock et Judoci Petri de Hallis ex Brabancia originem sumentium. Cum privilegio illustrissimi Archiducis Austrie ducis Burgundie Brabancie, et cet. Ne quis audeat id ipsum imprimere nec alio in loco impressum in Brabancia et aliis patriis Brabancie appendentibus vendere intra triennium. sub pena confiscationis eorumdem librorum et aliis penis in dicto privilegio contentis.

Au verso, une grande planche en bois occupant toute la page et représentant la Pucelle de Gand : c'est la même planche dont Pierre de Keyser a fait plus tard usage.

Cette intéressante souscription nous fait donc connaître deux typographes qui ont exercé leur art à Gand, Simon de Cock et Judocus Petrus de Halle, en Brabant, en 1513, peut-être même avant que Pierre de Keyser, ait été en âge de continuer la profession de son père. Elle nous apprend en outre que, dès cette année, certains privilèges étaient déjà accordés aux imprimeurs par nos princes.

Nous allons maintenant passer en revue les titres des impressions de Pierre de Keyser, arrivées jusqu'à nous et dont nos recherches nous ont donné connaissance. Nous sommes loin de regarder notre travail comme complet : plus d'un connaisseur pourra probablement y faire d'ntéressantes additions, et par là nous arriverons insensiblement à enrégistrer nos anciennes richesses bibliographiques.

1° Carmen rithmicum de Passione Domini, devotissimi magistri Houden Anglici, sacre theologie professoris. Prostat hoc aureum opusculum Gandavi in officina Petri Cæsaris bibliopole, cujus impensis ac solerti industria feliciter in lucem prodiit anno 1516. Petit in-8 de 95 feuillets. (Biblioth. Hulthemiana, N° 11,784).

Il parait que cet imprimeur ne trouvait pas un débit bien rapide de ses productions typographiques et qu'il avait à se plaindre de la parcimonie des amateurs de son époque. Il termine un de ses livres par ces mots : Eme, eme, eme, achetez, achetez, achetez, et dit à la fin de celui-ci :

Solve graves loculos, nec avaris parcito nummis;
Optimus exiguo venditur ære liber.
Gandava exiguo circum Capitolia nummo
Hunc Petrus Cæsar bibliopola dabit.

2° Tragedia de Passione D^{ni} nostri Jesu Christi : que Theoandrathanatos inscribitur per Joannem Franciscum Quintianum Stoam. A la fin : Impressum Gandavi in officina Petri Cæsaris ante Capitolium. Anno domini M. D. XVIII. Decimo septimo Kalendas Deccemb. (*sic*). Pet. in-8. (Biblioth. Hulthemiana, N° 23,823).

Edition fort rare, de 48 feuillets, sans chiffres ni réclames, mais avec signatures A. ii. — ff. iiii. orné de deux petites planches en bois, la première au titre, représentant le crucifiement; la seconde, une presse; fleuron de l'imprimeur, avec ces mots au-dessus *Prelum Cœsareum* et au bas *Petrus Cœsar Gandavus.*

On lit les vers suivants, sur le titre :

Paschasii Zoutterii Hondegani Prosopopeia qua hic liber suam fortunam dextro jam Hercule adeptam enarrat :

Lugdunum gracilem meis , feroci
Morsu , diripuit satis medullam :
Ac mille implicuit cutem lituris.
Cur hausto cerebro caput vacavi
Quas Gande nitidum jubar fideli
Prelo. Bibliophola Petrus iste
Cæsar (subsideat furor) repressit
En ? jam candidulum caput reduco
Plene cesarea virens medela :
Cur fervens celeri gradu Minerve
Applausus properet : dabit pusillo
Me Cesar precio. Crepent locelli.
Nummos excutiat manus crumena.

Ces vers font surtout allusion aux critiques qu'avaient essuyées les tragédies de Jean François Conti, plus connu sous le nom de Quinzano, et appelé en latin Quintianus Stoa, né en 1484, à Quinzano, village dans le Brescian. Ses condisciples l'avaient appelé Stoa, Portique des Muses, parce qu'il versifiait avec une telle facilité, qu'il semblait ne pouvoir s'exprimer qu'en vers. Il fut l'instituteur de Francois I, roi de France, qui lui dut cet amour des lettres dont il devint le restaurateur.

Zoeterius, comme il le dit lui-même à la post-face de cette édition, habitait au sommet du Sablon (den Sand-berg), *in vertice montis arenosi*, où il était maître d'école (ypodidascalus) pour les langues anciennes. Le Sablon semble avoir été à diverses époques le séjour de l'instruction et des muses. C'est là qu'habitait d'abord dans la première moitié du XVIe siècle, Pierre de Keyser, fils de Arnoult, qui impòrta à Gand l'art de l'imprimerie : il est très-probable qu'il habitait la maison de son père. C'est là aussi qu'en 1550 deux professeurs célèbres, Paul et Gillis Houckaert (*Eucharius*), enseignèrent les langues grecque et latine à l'historien Marchant, ainsi qu'au premier évêque de Gand, Jansénius, qu'il ne faut pas confondre avec cet autre qui donna son nom au *Jansénisme*(1). Le savant Cornille Jansénius, célèbre entre autres par sa Concordance des Evangiles, vint occuper sur la même montagne un hotel qui porte aujourd'hui le N° 1, et notre premier évêque français, Fallot de Beaumont, avant de prendre possession du palais episcopal actuel, y habita la maison connue sous le N° 16. Aujourd'hui, en cette même maison, demeure le représentant de la littérature flamande, en Belgique, M. J. F. Willems, auquel nous sommes redevables d'un grand nombre d'intéressantes publications littéraires et historiques.

3° P. Fausti Andrelini epistolæ proverbiales seu morales ac multum sententiosæ. Impressum Gandavi ante Capitolium per Petrum Cæsarem, 1520. in-4. (Bibl. Hulthem. N° 11,580.) (2)

(1) Diericx, mém. sur la ville de Gand, II, 101.

(2) M. l'architecte Goetghebuer possède un tableau très-curieux, gravé sur bois, imprimé par Pierre de Keyser. En voici la description :

Longueur de 74 centimètres sur 39 de hauteur, en tête se trouve une vue de la ville de Gand, au-dessous de laquelle est assise la Pucelle de Gand, dans son bastion, s'appuyant d'une main sur le lion de Flandre et tenant de l'autre son étendard. Cent-un écussons des nobles bourgeois de Gand forment l'encadrement, avec cette inscription :

Dese voorghaende wapenen zyn de wapenen van den Edelen porters van Ghendt, alzoo zy van hauts-tyde in schepenen bouck staen.

Hier naer volghen de wapenen vanden neeringhe van Ghendt, ende die ambachten (au nombre de cinquante-cinq et quatre blasons en blanc). Souscription : *Gheprent te Ghendt by my Pieter de Keysere by sente Veerhilde plaetse by der Cranen anno* M.CCCCCXXIIII.

Cette estampe a toujours appartenu à la famille Van Lede, qui y figure comme appartenant à la noble bourgeoisie de Gand : M. Goetghebuer en est devenu propriétaire quelques jours avant la mort du vénérable Pierre van Lede, archiviste de la province de la Flandre occidentale, et dernier membre de sa famille.

La vue de la ville de Gand, mentionnée ci-dessus, est la plus ancienne que l'on connaisse : elle a dix ans de plus que le tableau représentant la même vue, et appartenant aussi à M. Goetghebuer.

Parmi quelques copies de lettres et d'anciens comptes du cabinet du même amateur, se trouve un compte signé de *Pieter de Keysere notarius apostelicq ende imperial ende boucprintere*, en date du 18 Juillet 1539.

On lit à la fin les deux distiques suivants dont le second est le même que le précédent du N° 1.

Longos cæsarea candens virtute per annos,
Ardua Gandavum tollis super astra cacumen.
Gandava exiguo, etc.

4° De keyserlyke Ordonnacien Edicten : Statuten Gheboden : Oocmede verboden Deffencien : ende Inhibitien. Ghepublieert over allen Skeysers landen van haerwaertsover : den XV dach van Novembre anno M. V^c XXXI. Gheprent te Ghendt by de Crane by Pieter de Keysere Boucbindere ende men vindtse daer te coope. A la fin : Gheprent te Ghendt by Pieter de Keysere Boucprentere by der Crane : diese by consente van myn heere Scepene vande Kuere ghetranslateert heeft den XV Novembris anno M. D. XXXI. in-4.

De 12 ff. non cotés : signat. A ij — C ij : au titre un encadrement gravé en bois, orné de diverses figures d'hommes, d'enfants, et, au verso du dernier f., une grande planche représentant la *Pucelle de Gand* avec la légende *Ganda Virgo*. (Dans ma collection.)

5° Ordenancien en statuten die de K. Maj. op den 7 dagh Octobris 1531 heeft doen lesen en verclaren den staten sinen landen van Herrewertsover en gepubliceert den 15 Novembris daer aen volgende, soo om te extirperen de lutheraensche en andere gereprobeerde secten, en te versiene op de ongeregeltheyt van der munten, als om ordine te stellen op de policie van den voorseyden landen, etc. Gend, Pieter de Keysere, 1531. in-4. (Catalogue Ermens, N° 4166.)

6° Costumen ende usantien vande stede van Ceule. Ghendt, Pieter de Keysere. 1534. in-4. (De la collection de M. le baron de Westreenen de Tiellandt, à la Haye. Seul exemplaire connu imprimé sur vélin.)

7° Triumphes Dhonneur faitz par le commandement du roy, a Lempereur en la ville de Poictiers, ou il passa venant Despagne en France le IX jour de Decembre, Lan Mil cinq cens XXXIX. Ensemble de lentrée et triumphes faitz audict Empereur le premier jour de Lan en suivant par les Université, cité et Ville de Paris en France. Imprimé a Gand pres le Chasteau par moy Pierre Cæsar Lan M. CCCCC. XXXIX le XIX Janvier.

Petit in-8 de 15 feuillets non cotés. Au titre les armes impériales d'Autriche, avec la devise de Charles-Quint *Plus oultre*: au revers l'écusson de France au trois fleurs de Lys. (Biblioth. Hulthem.)

8° Ordonnances de Lempereur nostre sire touchant la navigation des rivieres publiques de ses Pays-Bas, sur la decision du prochés meu pardevant sa Maj. dentre ses villes de pardecha et les navieurs de Gand. *Suivent les armes de Charles-Quint.* — Cum gratia et privilegio Cesareo ad biennium. Gandavi per Petrum Cesaris. Anno d^{ni} M. D. XL. III. Decembris. *Souscription.* Imprimé à Gand par moy Pierre Cesar demourant pres leglise saincte Pharailde. L'an. Mil cincq cens quarante ung le troisième jour de Decembre. Pet. in-4. de 24 feuillets dont les 23 premiers sont chiffrés au recto. (A la bibliothèque de Gand, n° 2838bis de l'ancien catal. de jurisprudence.)

9° Mandement de lemperiale Maieste faict lan de nostre Seigneur mille cincq cens quarante sept. Imprime a Gand par moy Pierre Cesar Imprimeur et Libraire iure et privilegie de par L. M. Lan de grace Mil cincq cens quarante sept. Le cincquieme iour de Novembre. in-4 de 4 ff.

Au titre les armes de l'empereur et au verso du dernier feuillet le fleuron de l'imprimeur, représentant sa presse avec ces mots : *prelum cesareum. Petrus Cesar gandavus.* (Dans ma collection.)

Les quatre impressions qui suivent et qui sont indiquées dans la bibliothèque Belgique de Foppens, sortent très-probablement des presses de Pierre de Keyser, bien que le nom de ce typographe ne soit point cité. Ce qui contribue beaucoup à corroborer cette supposition, ce sont entre autres les rapports intimes qui existaient entre les frères Houckaert et de Keyser; quant à la cinquième, il n'y a aucun doute.

10° Eucharii, Vita S. Lævini, episcopi et martyris ; S. Coletæ ; S. Berthulphi confessoris ; comœdia de patientia Chrysellidis ; Pæan sacrum et laudes in S. Agnetem et S. Catharinam ; tractatus de pœnitentia ; morales institutiones, omnia carmine. Gandavi, 1513. in-4.

11° Eucharii, in laudem Salvatoris a morte resurgentis carmen elegiacum. Gandavi, 1519, in-4.

12° Eucharii, dialogus Charitis et Gandæ, super obitu Maximiliani Rom. Imper. Augusti, ob canonicam electionem Caroli V, se vicissim consolantium. Gandavi, 1519. in-4.

13° Eucharii, dialogus de moribus urbanorum et rusticorum, versu heroico. Gandavi, 1520. in-4.

14° Primitie Stephani comitis Bellocassii. Prosopopeia libri.

Oblecto et prosum : variis si quidem ego vatum
Floribus ornatus : verum et sublimia canto :
Solve crumenam igitur, Cæsar dabit ære pusillo
Pro rostris habitans Gandavis : solve crumenam.

Explicite sunt primitie Stephani Co. Bello. Adolescentium

Casletanorum moderatoris : et impresse Gandavi in Lynce in Cesareo prelo : impensis honesti viri Petri Cesaris pro rostris quod vulgo dicitur ante Domum Scabinorum habitantis.

In-4 à longues lignes, avec signatures a i — b 3. Caractère romain. Au titre et au verso du dernier f. le *prelum Cesareum*. (A la Bibliothèque de Bruxelles.)

L'un des descendants d'Arnaud de Keyser, probablement l'un de ses fils, Martin de Keyser, exerça d'une manière distinguée l'art typographique, à Anvers, dans la première moitié du XVIe siècle. Nous connaissons une trentaine d'ouvrages importants sortis de ses presses, seulement de 1528 à 1534. Sa bible latine de 1534, sa bible française de la même année, et ses deux éditions du Nouveau Testament flamand de 1531 et 1535 furent mis à l'index par les docteurs de Louvain et défendus par Charles-Quint[1]. Mais du moins il n'éprouva pas, à ce que nous sachions, le malheureux sort de Jacques Liesvelt qui paya de sa vie l'impression de sa fameuse bible. M. Jules Ketele, d'Audenarde, qui a décrit un des impressions de Martin de Keyser dans le *Bulletin du bibliophile*[2], a remarqué que cet imprimeur portait ses initiales M et K dans son fleuron, avec cette devise qui sentait quelque peu l'hérésie : *sola fides sufficit* et qu'une plume bien orthodoxe avait biffée dans son exemplaire. Le même bibliophile remarque encore que Jean de Ruremonde, belge, acheta le fond de de Keyser, belge aussi, et s'en servit à Cologne, sans même se faire graver un écusson qui lui fut propre.

(1) Voyez : *Die Catalogen oft inventarissen vanden quaden verboden boucken : ende van andere goede, diemen den jongen scholieren leeren mach, na advys der Universiteyt van Loeven. Loeven* Servaes van Sassen, M. CCCCC. L. In-4 12 blz.

(2) Paris, Techener, 1838, N° Ier, 3e serie, pag. 5 et 6.

Après avoir fait connaître notre bibliothèque publique, on nous saura gré, pensons-nous, de consacrer quelques lignes à constater l'état actuel de nos autres richesses bibliographiques particulières, qui certes ne le cèdent en rien à aucunes autres du pays.

La ville de Gand possède un grand nombre de bibliothèques et de collections d'objets d'art, heureux fruits de l'instruction, du luxe et de la prospérité; collections formées avec persévérance en un rare esprit de conservation, les unes à grands frais, les autres à force de temps, de patience et de recherches, soit par de riches amateurs, soit par de simples bourgeois. Ce goût pour les lettres et les beaux-arts, si nous en croyons le vieux traducteur français de Guicciardin, était déjà bien vif, dès le milieu du XVIe siècle : « En l'abbaye de St. Pierre, dit-il, on voit une insigne et ancienne bibliothèque, comme aussi ez couvens et maisons des frères Prescheurs, des Carmes et des Chartreux. Les librairies y sont fournies de bons livres, qui y est un rare trésor pour cette ville, laquelle est autant bien garnie de ces raretéz que ville qui soit en tous les Pays-Bas... En ceste ville, on use d'une grande piété, et bon ordre pour dresser escoles et estudes pour l'entretien et nourriture d'un grand nombre des pauvres qui sont enseignés aux dépens de la ville. »

Ce goût des lettres, des sciences et des beaux-arts, ne fait que grandir dans la ville natale de Charles-Quint, de Daniel Heinsius, de Liévin Meyer, du Chanoine De Bast, etc. Aussi possède-t-elle aujourd'hui 47 cabinets de tableaux, 13 de gravures et dessins, 10 d'antiquités et de verres peints, 29 de médailles, monnaies, etc., 6 d'histoire naturelle et de physique, 48 bibliothèques remarquables, s'élevant ensemble au chiffre d'environ

200,000 volumes, 9 collections de manuscrits et autographes, etc. Un seul fait prouvera quelle est la richesse de ces bibliothèques; c'est qu'on y compte vingt-un exemplaires du magnifique ouvrage intitulé : *Description de l'Egypte*, qui a couté 3600 fr.

Nous commencerons par citer deux bibliothèques qui ne sont pas exposées, comme celles des particuliers, à se disséminer après la mort de ceux qui les ont créées : nous voulons parler de la bibliothèque des Jésuites, à Oost-Ecloo et de celle du Seminaire Episcopal, près de St. Bavon. La première compte 22,000 volumes sur presque toutes les branches de connaissances humaines ; la seconde ayant principalement trait à la théologie, en compte environ 8,000. Dans cette catégorie entre encore la bibliothèque de feu M. le Chanoine Triest, à l'établissement des Sourdes-Muettes : elle contient environ 7000 volumes, parmi lesquelles une nombreuse collection d'ouvrages sur l'instruction des sourds-muets, des aveugles, etc. Nous allons parler des autres qui se distinguent le plus, soit par leur spécialité, soit par leurs richesses.

La riche collection de M. Borluut de Nortdonck et la plus nombreuse de la ville de Gand, pour les plus beaux ouvrages de luxe et à planches qui se publient dans toute l'Europe. M. de Nortdonck possède aussi bon nombre d'incunables précieux imprimés dans le pays, et de magnifiques collections de gravures.

La bibliothèque de feu M. Lammens, appartenant maintenant à M. le professeur Van Coetsem, s'élève à environ 45,000 volumes imprimés et 300 manuscrits. Nous en avons donné une notice détaillée dans les *Liminaires* du VIe volume (celui des Mss.) de la *Bibliotheca Hulthemiana*, pag. XXXVII—XLII, où nous mentionnons un grand nombre d'anciennes bibliothèques de bibliophiles Belges.

M. Léopold Van Alstein, savant orientaliste, possède une bibliothèque unique en son genre en Belgique, et fort peu connue jusqu'ici, même à Gand. Sa collection, qui s'est surtout enrichie, depuis la mort des orientalistes français Champollion, Abel de Rémusat et de Chézy, à la vente desquels notre concitoyen a été le principal acquéreur, compte aujourd'hui environ 150 manuscrits, presque tous inédits, en langues persanne, arabe, turque, arménienne, chinoise, mantchoux, etc., et 16,000 volumes imprimés, dont 4 à 5000 appartiennent aux mêmes langues orientales.

M. Francois Vergauwen, compte, dans sa collection d'environ 3000 volumes, outre des manuscrits du plus grand intérêt, parmi lesquels il en est trois du IXe siècle, la série la plus riche et la plus complète d'incunables des Pays-Bas, qu'aucun bibliophile belge ait encore formée : elle se compose de près de 400 volumes, tous reliés avec le luxe et les soins d'un bibliomane. Voyez ce que nous dit plus haut, page LXV, de cette collection si utile aux recherches bibliographiques

M. le professeur Serrure, dont la bibliothèque est composée de près de 5000 volumes, possède une des collections les plus nombreuses du pays, pour l'ancienne histoire littéraire, généalogique et numismatique des Pays-Bas. Aucune autre n'est aussi riche surtout en vieux romans flamands de chevalerie, etc.

La bibliothèque de M. le vicomte De Clerque de Wissocq de Soesberghe, est remarquable par un très-grand nombre d'ouvrages de luxe et à planches : moins nombreuse, celle de M. Brisart ne compte guères qu'un millier de volumes imprimés et manuscrits : mais parmi les imprimés, il n'y a pas un seul article qui ne soit pour ainsi dire unique, soit comme impression sur peau de vélin, soit par la beauté et le choix du papier, soit par les doubles ou triples gravures dont ils sont *illustrés*. Parmi les manuscrits, on remarquera toujours un magnifique livre d'heures, le seul de cette espèce connu à Gand, écrit en lettres d'or et d'argent sur peau de vélin cramoisi.

La collection de M. Willems, si connu par ses importantes publications sur la langue et la littérature flamandes, ainsi que sur l'histoire de la Belgique, se compose d'environ 10,000 volumes imprimés et manuscrits : elle est spécialement consacrée, dans un but utile, aux études littéraires et historiques, dans leurs rapports avec les Pays-Bas.

M. Ch. Pieters, bibliophile instruit, a fait de l'éclectisme dans le choix intelligent et sévère de ses livres, qu'on pourrait appeler une *bibliothèque à la Nodier :* sans s'attacher à une spécialité, il a recueilli des raretés bibliographiques où des impressions remarquables de la France, de l'Angleterre, des Pays-Bas, etc., au nombre d'environ un millier, de préférence de petit-format et toutes d'une reliure très-recherchée. C'est dans cette collection que se trouve le beau livre de prières Mss. sur vélin, avec miniatures, ayant appartenu à Antoine de Bourgogne, fils naturel de Philippe-le-Bon.

La bibliothèque de M. Minne, rue des Champs, est dans un genre tout différent; elle compte environ 20,000 volumes sur toutes les branches de connaissances humaines.

Une des bibliothèques les plus remarquables de Gand, est encore celle de Madame la comtesse douairière d'Hane de Steenhuyse. Formée par trois générations successives, elle compte environ 10,000 volumes d'ouvrages intéressants et utiles et un assez bon nombre de manuscrits et de chroniques sur l'histoire de la Belgique, recueillis avec soin par un des ancêtres de la famille.

La ville de Gand renferme encore beaucoup d'autres bibliothèques dignes d'attention et d'estime, et d'autant plus remarquables qu'étant presque toutes spéciales elles présentent de grandes ressources aux investigations de l'homme studieux. Nous citerons en première ligne celle de M. Benoni Verhelst, pour l'histoire naturelle, les antiquités et les beaux-arts, la plus considérable en ce genre et formée avec le plus de soins et de dépenses; celle de M. de Meyer, pour les incunables et une suite de livres d'heures et de manuscrits sur vélin, des diverses époques, aussi remarquables par les miniatures que par la calligraphie; de M. le professeur Van Coetsem, pour la médecine, au nombre d'environ 12,000 volumes et la plus complète en ce genre que l'on connaisse en Belgique; celle de M. Ch. de Bremmaeker, neveu de feu M. Ch. van Hulthem, aussi la plus riche de toutes les bibliothèques publiques ou privées du pays, en ouvrages sur l'architecture et les arts qui en dépendent; de M. Papejans de Morchove, pour la botanique et la chimie; de M. Eug. Régnaut, pour la numismatique; de M. Ph. Blommaert, pour la littérature et l'histoire du pays; de MM. N. D'Huyvetter, Ch. Onghena, Aug. van Lokeren et Th. de Coninck, pour les beaux-arts; de M. l'architecte Goetghebuer, dont le cabinet possède une suite de près de 3000 gravures, plans, portraits, etc., qui se rapportent exclusivement à des souvenirs historiques de la ville de Gand; de M. le chanoine J. J. de Smet, pour la théologie et l'histoire des Pays-Bas; de M. J. B. Delbecq, pour l'histoire de la gravure aux Pays-Bas et les antiquités de la Flandre. M. De Busscher, père, ancien imprimeur, possède aussi une belle bibliothèque d'amateur, de 7 à 8000 volumes, tous reliés avec luxe.

Parmi les quarante-huit bibliothèques que nous avons indiquées, il en est encore plusieurs qui mériteraient d'être citées et que nous sommes obligés de passer sous silence. Si aux 200,000 volumes environ que contiennent ces bibliothèques, nous en ajoutons encore 150,000 pour les autres qui ne sont pas mentionnées, car, à Gand, il n'y a pas de famille tant soit peu aisée qui ne possède au moins quelques centaines de volumes, nous trouverons que notre ville compte au moins, y compris la bibliothèque publique, approximativement 400,000 volumes. Ce chiffre égale, à 50,000 volumes près, ce que renferment, comme nous l'avons vu plus haut, celui des dix autres bibliothèques publiques du royaume.

APPENDICE.

L'impression des *Recherches* qui précèdent était déjà terminée, lorsque nous nous sommes aperçu de l'omission, à l'article d'Arend de Keyser, de deux ouvrages sortis des presses de ce célèbre typographe, ouvrages que cependant nous connaissions fort bien : nous nous empresserons donc de compléter la série de ses productions typographiques connues jusqu'ici :

Tractatus de periculis circa sacramentum eucharistie contingentibus.

Petit in-4, sans date, de 12 pages non chiffrées : sur le frontispice une figure gravée en bois, représentant la dernière Cène.

Après le titre on lit à la seconde page : *Incipit tractatus de periculis que contingunt circa sacramentum eucharistie, et de remediis eorundem ex dicto sancti Thome de Aquino.* Souscription : *Explicit de suffragiis misse impressis Gandavi per Arnoldum Cesaris* (*circa* 1483).

Un exemplaire de ce *rarissime* opuscule, indiqué sous le N° 1846 du catalogue Vande Velde, appartient maintenant à la bibliothèque de feu M. Lammens.

Voici l'autre impression :

Tractaet van aliantie ende eendragticheyt tusschen die drie staten van den hertoghdom van Brabant, ende die staten van Middelborch, Lussenborch, Vlaenderen, enz. Souscription : Ghedaen tot Ghent den eersten dach in Mey 1488.

Petit in-folio de 6 feuillets, sans date (vers 1488), sans nom d'imprimeur ou lieu de ville.

D'après la liste que nous avons donnée (pag. 60-66) des impressions connues d'Arend de Keyser, on en compterait donc onze, toutes du XVe siècle : mais il n'y en a réellement que dix, car le *Liber Mancini de Passione Domini nostri,* n'est pas sorti de ses presses, mais bien de celles de son fils Pierre : c'est une erreur que nous tenons d'autant plus à rectifier qu'elle nous appartient en propre, et nullement à M. Fr. Vergauwen, bibliophile instruit, qui a bien voulu nous faire part de ses découvertes particulières. A ce compte, le contingent typographique de Pierre de Keyser s'augmentera d'une nouvelle impression, et le chiffre des ouvrages que nous lui devrons s'élèvera à quinze.

www.ingramcontent.com/pod-product-compliance
Lightning Source LLC
LaVergne TN
LVHW012351220826
846092LV00002B/514

9782016202227